それでもこの仕事が好き
介護職の魅力が分かる本

初めに

この本は小規模多機能介護施設『日向ぼっこ』の一日をシリアスに、時にコミカルに描いています。ソフトで飾った言葉では介護現場の実態から離れてしまいます。だからといって介護現場の毎日を深刻に描けば実態がわかる、というのも違っているように思います。実態から乖離せず飾らない言葉で、しかも利用者さんやスタッフの悲喜こもごもを、読者の皆さんがなるほどと納得し、楽しんでいただけるよう描きたいと思っています。

複雑でわかりにくい介護保険制度や各種の介護施設、ケアマネージャーや介護福祉士、医師や看護師の役割などは別にコラムを設けて説明してあります。介護保険や医療保険で使われる難しい表現はなるべく避け、わかりやすく簡潔に説明してあります。

それでは、介護施設の一日『それでもこの仕事が好き』を楽しんでください。

目次

第3章　倒れてつかんだ経営学

登場人物

服部

この本の主人公。小規模多機能介護施設『日向ぼっこ』の女性管理者。看護師、介護福祉士、ケアマネージャーなどの資格を持っている。スタッフや利用者さんからお母さんのように慕われている。いつも忙しく動き回っているので、名前のように忍者と言われている。

タカシ先生

施設の利用者さんの健康管理をしている男性医師。服部と一緒に在宅の利用者さんを診るため往診に行く時もある。内科、外科、小児科などなんでも診られる総合内科医をめざして奮闘中。

大江

施設の男性ケアマネージャー、介護福祉士。利用者さんの介護計画を作成する仕事をしている。性格は優しいが、その優しさのために結果が裏目に出る事がある。施設では対応が困難な問題も多く、服部に励まされながら四苦八苦している。

上田

女性准看護師。趣味は園芸。施設で時間があれば野菜を作っている。人が良すぎて純粋なため、よく傷つき陰で泣いている事も多い。人は良いが時々話が通じにくいところあり。

松田

介護福祉士。施設の男性リーダー。ビールの飲みすぎでメタボになっている。大江と施設の運営を巡ってよくバトルしている。服部の前ではおとなしく、返事も良い。率先して仕事をするようになれば、スタッフ達の信頼ももっと得られる未完の大器。

堺

パートの女性ヘルパー。元気で明るい。返事は良いが、やらなければならない事をすぐ忘れてしまう事あり。服部の指導で介護の腕も上がっており、介護度の高い利用者さんにも対応できるようになっている。

中西

パートの女性ヘルパー。会社で総務をやってきたため、どうしても事務の事が気にかかる様子。介護の仕事は退職後初めての経験。やる気満々で意欲的に仕事に取り組んでいる。

中畑

80歳の男性送迎ドライバー。年を取っているが体力もあり、仕事をきちんとこなす頼りになる高齢者。よく利用者と間違えられる。

梅田

当直専門のアルバイト。介護福祉士。男性。高齢者には受けが良いが借金が多く返済のため当直ばかりしている。服部を母親のように慕っておりなんでも相談している。

その他従業員、利用者など多数

第1章

利用者さんとずっと一緒

お金は死ぬまで自分で管理

大多数の親にとって育児は生きがいで楽しいものです。もちろん育児に悩んでいる人もいますが、介護ほどの苦しみはないと思います。今は赤ちゃん一人に父母、父母の両親四人合計六人の愛情を一心に受けている子供も珍しくありません。育児は人間に備わっている本能ですので、なんだかんだと言っても楽しいものです。

それに比べ、親や配偶者の介護には楽しさは少なく、苦しい事が多いものです。人間には親を世話する本能はありません。しかし親は自分を犠牲にして子供を育ててきました。その事は子供もわかっているため、倒れた親を無視する事はできません。また旦那さんが認知症を発症したり、脳梗塞で半身まひになったからといって、奥さんは別れる事はできません。介護をしなければならなくなったから離婚した、などというのは世間体も悪いものです。旦那さんと別れたからといって、奥さんが自力で生活できるわけではありません。年金も少なく住む家もありません。

介護される人は、自分が介護される立場になると思っていませんので、体が不自由になっても、奥さんや子供に対して上から目線で接します。訪問介護を受けたり、デイサービスへ行く事を嫌がり家族を困らせます。お嫁さんに対してはもっと強い態度に出ます。一生懸命介護をしても「うちの嫁は何もしてくれない」と平気で言います。一緒に住んでいない子供達が、それを聞きお嫁さんを責めます。お嫁さんや世話をしている家族は、やがて介護に耐えられなくなり、施設に入所というお決まりのコースになります。昔の古い家制度はどこにも見当たりません。いつまでも嫁や子供が自分の介護をしてくれる、などと思うほうが間違っています。高齢者や介護される人が、楽しく自分の家で暮らす方法はないものでしょうか。

誰も自分が一番かわいいものです。親や旦那の介護をしたいと思っている人はいません。お年寄りの皆さん、自分の事は自分でしましょう。そして介護してくれる人にいつも感謝の気持ちを持ちましょう。

「ありがとう」の一言で家族は介護を続けよう、という気持ちになります。そして、お金の管理をお忘れなく。お金を決して家族に預けたりしてはいけません。自分でお金を管理していれば皆優しくしてくれます。認知症になってもお金だけは手放してはいけません。

すぐ切れるおじさん達

人間年を取ってくると少しの事ですぐ切れやすくなります。コンビニで少し待たされただけでも、店のスタッフに食ってかかるおじさんなんか典型です。病院やクリニックでも、待ち時間が長い、医者の態度が悪い、看護師の点滴がへたくそなど、何にでもクレームをつけます。

名前を呼ばず番号で呼んだだけでも怒る人がいます。タカシ先生が勤めるクリニックでも、このようなおじさん達に悩ませられています。

大西さんは、一代で配食サービスの会社を立ち上げ、奈良県では結構有名な会社に育てた男性です。しかしワンマンのため、会社で意見する人もいないぐらいです。大西さんは、タカシ先生が勤めるクリニックに何度も受診し、そのたびに従業員に説教し、ゴルフの自慢をして帰ります。大西さんに対応できる看護師が限られ、大西さんが受診されると、奥に逃げてしまう看護師もいます。徐々に点滴の内容が前と違う、量が少ない、昨日は点滴を頼んだのにしてもらわなかった（看護師や事務に聞いてもちゃんと点滴していたと、皆が証言しています）、などクレームが増えていき、そのうち看護師にしつこく説教するようになってきました。これらのクレームは、大西さんの認知症が悪化しているためと思えました。しかし、さすがに認知症のためとはいえ、タカシ先生も堪忍袋の緒が切れ大喧嘩になりました。タカシ先生が、もう二度とこのクリニックに来ないようにと言ったため、大西さんは憤慨し二度とクリニックに現れる事はありませんでした。

人間の脳は、進化した脳ほど興奮を抑える機能が発達しています。興奮しやすい人や切れやすい人ほど脳の機能は未熟です。年を取ってから切れやすくなった人は、脳の動脈硬化のため機能が落ち、感情を抑える事ができなくなっています。認知症の人がすぐ興奮し、手がつけられなくなるのも同じ現象です。大西さんも酒やタバコが大好きで脳の動脈硬化が進み、認知症を発症したのではないかと思います。

このような人に対応するのは本当に大変で、これが解決方法というのはありません。一人一人に合った解決方法を模索し、辛抱強く対応しなくてはなりません。専門知識もなく、人手が限られる忙しい外来で、このような人に対応する事は至難の業です。

その後、大西さんは病院の認知症外来を受診しているらしい、と看護師が話していました。タカシ先生とのバトルを忘れてしまっているといいのですが、少し反省しているタカシ先生です。

先生、勝っちゃだめですよ

中内さんは、右目が不自由で瞼が閉じず、いつも目薬を点眼しないと乾燥して目が痛くなります。少し認知症が出てきたため、悪化を防ごうと奥さんのすすめで『日向ぼっこ』のデイサービスを利用するようになりました。現役の時は大工の棟梁をしており、元気な若者を何人も育てていたようです。奥さんの話では、さすがに女には手を出さなかったようですが、酒は半端でなく仕事が終われば毎日深夜まで飲み、午前様を繰り返していたようです。中内さんの趣味は将棋で、いつも相手を探して片目をギラギラさせています。いつも相手をさせられているのがケアマネージャーの大江でした。大江は将棋が得意でなく、すぐ中内さんの『歩』に追

いつめられて負けてしまいます。勝った中内さんはまんざらでもなさそうに、

「大江は弱すぎる、もっと強いやつはいないのか」

と自慢していました。

火曜日はタカシ先生の往診日です。タカシ先生は子供の時少し将棋をした経験がありますが、駒の動かし方ぐらいしかわかりません。往診が早く終わった後、なぜか将棋の話になり、中内さんの相手をするようスタッフから頼まれました。

「子供の時、少しかじった程度だから将棋無理」

と断りましたが、皆に中内さんの相手をしてあげてください、と無理やり頼まれしぶしぶ対戦となりました。

最初タカシ先生は押され気味で、もう少しで王様を取られそうになったのを何とか防衛してから、徐々にタカシ先生が優勢になり、ついに中内さんを追いつめて勝ってしまいました。その日、中内さんは素人に負けた悔しさで一言も話さず、ブスッとして帰っていきました。

その日からタカシ先生は皆に褒められるどころか、冷たい言葉を浴びせられました。

「認知症相手のお年寄りに、あの先生は勝つなんてひどい男ね」

「わざと負けてあげればいいのに、器量が小さいのね」

それを聞いたタカシ先生は頭にきて、反省するどころか中内さんを相手に連勝を続けました。中内さんは、怒ってもうデイに行くのは嫌だとデイに来なくなりました。

何とか中内さんをなだめ、もうタカシ先生とは将棋をしないようにするから、と説得しデイサービスを復活させました。

「タカシ先生ったら、本当に器量が小さいのね」

とため息をついている服部でした。

金の延べ棒

林さんはタカシ先生の往診患者さんです。糖尿病とアルツハイマー型認知症で治療を受けているおばあさんです。認知症のためインスリン注射が一人でできず、住み込みのヘルパーさんに注射を手伝ってもらっています。タカシ先生は2週間に1回、服部を連れて林さん宅に往診に出かけます。亡くなったご主人が社長だったので、林さんの自宅は豪邸です。息子さんが会社を継ぎ、大阪で家族と暮らしています。そのため、今は広い家に住み込みのヘルパーと二人で暮らしています。

往診に行くと、林さんはいつもホームこたつに入って、タカシ先生を待っています。何を聞いてもほとんど答えられないため、タカシ先生はヘルパーさんと大事な話をする事になります。自己血糖の数字や、その日の血糖値などを確認してから内服薬の確認、インスリン量の変更、食事内容など話して往診を終えます。帰りにタカシ先生は、

「林さんのヘルパーさん、しっかりして頼もしいね」

「ウーン、でもなんかしっかりしすぎておかしい感じもしますね。林さんに何も語らせようとしませんしね」

「認知症だから、代わりに大事な事を話そうとしているのじゃないの」

「でもこの前ヘルパーさんがいない時、林さんと話したら毎日お腹がすくとか、私や先生の名前ちゃんと言えていましたよ」

「えー、本当。全くの認知症だと思ったけど少し様子が違うね」

「ヘルパーさんは、私達が林さんと話すのが嫌なんじゃないですか」

「うーん、そうかなあ」

服部はある日、新聞の記事を見てびっくりしました。林さん宅のヘルパーさんが、金庫に入れてあった金の延べ棒を盗み警察に逮捕されていた、と書いてあります。金の延べ棒は金庫だけでなく押し入れなどにも置いてあったようです。

タカシ先生は真顔で、

「そんなにお金があるのだったら、もっと往診料もらっておけばよかった……」

「あのー先生。水戸黄門の悪徳代官みたいですよ」

「ハハハ、でも人ってわからないね」

どうしたのその目

上田は、デイサービスにやってきた中村さんの目の周りに、大きなクマができ、内出血している事に気づきました。中村さんは90歳を超えたばかりの女性です。

「服部さん、中村さんの目の周りにクマができているの、病院へ連れていこうか」

「そうね、家族にも病院に受診するよう伝えてみるわ」

服部は受診する前に何があったのか、経緯を聞こうと中村さんに尋ねました。

「中村さん、目の周りにクマができているよ。どうしたの」

「最近足が悪くて部屋で転んだのよ。足の後ろもけがして痛いの」

よく見るとふくらはぎにも大きな内出血がありました。中村さんは最近よく転んでけがをするようです。しかし施設で転倒するのを見た人はいません。

「でもいつもの事だから1、2週間もすればよくなるわ。病院へ行かなくても大丈夫よ」

服部は、何かしっくりしないものがあったので家族に連絡しました。息子のお嫁さんが電話に出たので、

「目の周りにけがをしているようなので、病院に連れていこうかと思うのですが」

と伝えると、

「今朝部屋で転んだらしいの。本人もすぐ治る、と言っているからデイサービスで様子見て」

本人も家族も受診を拒否したら病院へ連れていく事はできません。服部は今日の午後、かかりつけのタカシ先生が施設に来るので、その時相談する事にしました。

中村さんを診察したタカシ先生は、

「おかしいな、転倒して目のくぼんだところを打ったり、ふくらはぎをけがする事はあまりないんだけど」

「でも最近同じようなところをけがしているみたいです。そういえば内出血は多いけど、実際出血しているのを見た事はあまりないですね。まさかという事もあるから、ケアマネに何か情報持っていないか尋ねます」

服部はケアマネの大江を呼び出し、

「中村さんけがをしているけど、最近何か変わった事ない？」

「本人には誰にも言わないで、と言われているんだけど。実は息子さんによく怒られているらしいんだ。この前も怒鳴られたらしい」

「あなた、なぜそんな大事な事を黙っているの」

「だって誰にも言わないで、と言われているから」

「命に関わる事かもしれないじゃないの。こんな時には私やタカシ先生には報告して」

大江は介護出身のケアマネージャーのため、中村さんの身に危険が迫っている事を理解できなかったようです。

「タカシ先生、きっと息子さんが虐待をしていると思います。どうしましょう」

「社会的入院を受け入れてくれる病院を探して、いったん息子さんから離そう。その後施設を探したらどうだろうか」

その後中村さんは無事入院し、近隣の施設に入所となりました。

入所後息子さんが施設に挨拶に来ました。大江は自分が怒られると思い他の部屋に閉じこもってしまいました。

「服部さん、今回は母がお世話になりました。もしあのまま家で介護を続けていたら、母を殺していたかもしれません。施設に入所させてもらって実はホッとしています」

家族が介護に追いつめられている事は、施設の管理者をしている服部には痛いほど理解できます。息子さんもつらかったのだろうと思います。高齢者が自宅にいたい気持ちはよくわかりますが、自宅にいる事だけが幸せではありません。今回は大事にいたらなくて幸いでした。

でもこれでこちらの施設の利用者さんが一人減りました。

「あー、また減収ね。理事長に怒られるわ」

誰にでもできる事ではない

逢坂さんは、現役時代はバリバリの看護師で看護師長まで務めた女性です。結婚はせず、ひたすら看護師の仕事に身をささげてきました。患者さんや医師から信頼され、若い看護師の教育にも熱心であったようです。老後は慢性腎不全が徐々に悪化し、利尿剤を服用しないと尿が出ない状態でした。認知症も発症し、持ち前のきつい性格が表に出始めたため、唯一の家族である妹さんも、姉の介護を自宅でするのは無理と音を上げ、服部の所属する医療法人が経営する有料老人ホームに入所する事になりました。

入所時には全身がむくみ、肺に水がたまって、もうそんなに長くないだろうと医師は判断していました。しかし、本人はまだまだ元気で長生きするつもりです。施設を病院と勘違いしており、施設の看護師に説教するのが唯一の楽しみです。施設の看護師達も要領を心得ており、逢坂さんの説教をハイハイと聞いていました。

大変なのは夜勤のヘルパーです。忙しい夜勤の時にもヘルパーに対して上から目線で、いつまでも説教するので、皆気分を害し、なるべく近寄らないようにしていました。話し相手がいなくなると、夜中でも構わず、大声でヘルパーを呼び困らせます。夜勤のヘルパーは皆疲れ果てて、ゆっくり休む時間もないほどです。

しかし尾松という女性のヘルパーが当直する日は、逢坂さんは騒がず機嫌よく寝ているようです。不思議に思った施設の看護師は、仕事で遅くなった帰りに逢坂さんの部屋に寄ってみました。するとヘルパーの尾松が逢坂さんのベッドに入り込み、子供をあやすように添い寝をしていました。施設の看護師はその姿に感動を覚えたようです。

このような行為は誰にでもできる事ではなく、介護の基本から外れています。また正しいかどうかわかりません。しかし人の心はマニュアル通りにはいきません。マニュアル通りにしたからといって、介護されている人が幸せかどうかわかりません。逢坂さんはその後腎不全が悪化し亡くなられました。きっと添い寝した尾松を母親のように思って、感謝して亡くなられたのではないかと思います。

ピンポーン

ピンポーン、と玄関のチャイムが鳴りました。スタッフの松田が誰か来たと思って、玄関まで見に行きましたが、誰もいません。

「そういえば最近、誰もいないのに玄関のチャイムがよく鳴る、と大江が言っていたなあ」

准看護師の上田も思い出したように、

「そうそう、私もチャイムが鳴って玄関と裏口を見に行ったけど、誰もいない時があったわ」

チャイムは玄関と裏の勝手口に設置してありますが、勝手口は道路の反対側のため、人が訪れる事はほとんどありません。

この施設では、癌患者さんなどの看取りをする事がよくあり、施設で亡くなった人も何人かいます。上田が、

「きっとここで亡くなった人が、チャイムを鳴らしているのよ」

「上田さん、やめてくださいよ。俺、明日夜勤なんだから」

「何を言っているの。幽霊なんていないわよ、いい加減にして。二人とも早く仕事に戻りなさい」

服部が二人を仕事に戻そうとした時、廊下に接するトイレから認知症の北野さんが出てきました。北野さんはいつものように自分の席に座り、皆と話し始めました。

「松田君、今日北野さんの来る日だった？」

「そういえば今日はお休みのはずですね」

従業員は北野さんが今日お休みとは知らず、北野さんがいる事を全く疑問に思いませんでした。

「北野さん、今日どうやってここに来たの」

「前の道を歩いていたら、誰かが『来い来い』って呼ぶから入ってきた」

どうやら他の利用者さんが、北野さんが歩いているのに気づき呼んだらしい。

「でもどうやって来たのかしら。誰も気づかなかったけれど。北野さんいつ来たの」

「こんなボケボケのおばあさんに、いろいろ聞かれてもなんにもわかりません。でも窓から白い服を着たおじいさんが、『ここはとても楽しくていいところだから入って一休みしなさい』って言ったのよ。そしたらいつの間にかここにいたの」

北野さんはひどい認知症なのに今日は結構覚えているなあ、と思った服部は、

「白い服ってどんな服？　どんなおじいさんだった？」

と尋ねました。

「お葬式の時の白い着物みたいだったわ、それに右目が見えないって言ってたわよ」

「えー、ひょっとしたらこの前亡くなった中内さんの事？」

服部はそんなはずはないと思いながら、中内さんの写真を見せ、

「ひょっとしてこの人」

と尋ねました。北野さんは認知症がひどいので、人の顔はいつもなら全く覚えていません。

しかし今日は、

「そうそうこんな人だったわ」

と覚えていました。

三人ともその話を聞いて蒼白になり、何も言わずに仕事に戻りました。

「上田さん、明日の当直変わってください」

と松田が言うと、

「無理、明日は私きっと病気になるつもりだから」

とわけのわからない返事をした上田でした。

コラム1 施設のスタッフ

介護施設では、どのような人が働いているか、簡単に説明します。

医師

介護老人保健施設（老健）、介護医療院・介護療養型医療施設以外では、常勤の医師を配置する必要はありません。介護施設で働く医師は、ほとんど非常勤の配置医師あるいは嘱託医といった契約医師です。一般的に勤務医や開業医と嘱託契約をしており、その医師が月1、2回の診察と薬の処方などを行っています。

本書に登場する『日向ぼっこ』は医療法人が経営している小規模多機能施設という設定ですので、医療法人の医師が毎週定期的に診察を行い、体調が悪化した時にはいつでも駆けつけられるようにしています。

看護師（准看護師を含む）

特養、老健、有料老人ホーム等では、看護師の配置が義務づけられています。小規模多機能では看護師は非常勤でもよく、労働時間数の決まりはありません。『日向ぼっこ』では、医療法人が経営しているので、看護師一人、准看護師一人を常勤で配置し、手厚い看護を行っています。

看護師の配置基準は少しわかりにくいですが、常勤換算という方法がとられています。一日8時間働けば常勤が一人配置されている、とみなされます。常勤看護師が一人で8時間働いても、非常勤の看護師が三人合計8時間働いても同じという意味です。ほとんどの施設で看護師の夜勤はありません。医師の指示で健康管理、配薬、処置、点滴などを行います。

介護スタッフ（介護福祉士、ヘルパーなど）

介護の仕事をするための資格には、ヘルパー1級・2級、初任者研修修了者、実務者研修修了者、介護福祉士などの種類があります。介護福祉士は国家資格です。ヘルパーの資格は、非常に複雑でわかりにくくなっています。厚労省は最終的には、介護福祉士の資格がなければ、介護の仕事に従事できないようにしたいと考えています。しかし現在のヘルパー不足の状況では、絵に描いた餅でしかありません。利用者さんの家事、食事、身体介助など介護施設の中核となって働いています。

ケアマネージャー

主に医療や介護で5年以上働いてきた人に受験資格があります。都道府県の試験に合格した人に資格が与えられます。現在ケアマネージャーとして働いている人の多くは、介護福祉士などの経歴があります。ケアプランの作成、アセスメント、モニタリング、給付管理などが主な仕事です。難解な言葉が並びますが、要するに介護計画を立て、介護現場にその計画を実行させ、計画通り介護が提供されているか確認する役目です。利用者自らケアプランを作る事はできますが、現在はほとんどケアマネージャーが作成しています。

施設長（管理者）

施設長はその介護施設の責任者です。施設全体の業務を取り仕切っています。施設長が経営者の時は、人事や経理、収入支出などの管理も行います。施設長の力量でその施設が発展するか衰退するか決まる、と言っても過言ではありません。

その他の職員

介護や経理の事務、キッチン担当、送迎担当、お掃除担当等の職員がいます。これらの従業員に介護の資格はいりません。

認知症になっても親は親

北野さんは夫を早く亡くし、今は市営住宅に一人で暮らしています。一人息子は結婚後家族と一緒に近所に暮らしています。

「中畑さん、北野さんは一番に迎えに行って帰りは最後に送ってね」

服部は認知症のひどい北野さんを、自宅に一人でいる時間をできるだけ少なくするため、朝一番に迎えに行って帰りは最後に自宅に送る事にしています。

「わかっていますよ。いつも通りに送迎します」

中畑は一番先に北野さんを迎えに行き、その後残りの利用者さんを順に迎えに行きます。帰りは他の利用者さんを先に帰し、北野さんを最後に自宅へ送りとどけます。認知症が進んだため、料理やあと片づけ、お金の管理もできません。冷蔵庫の中には鍵、郵便物、財布などがあり、なんでも冷蔵庫に入れてしまいます。

ある日中畑が送迎を終わって施設に帰ってくると、しばらくして北野さんが施設の前を歩いているのが見えました。窓から服部が、

「北野さん、どこへ行くの」

と声をかけると、

「どこのどなたか知りませんが、退屈なので今日初めて外へ出ました。ちょっと用事があるので失礼します」

と言ってどんどん歩いていきます。

服部はどこへ行くのか心配になりあとをつけました。すると北野さんはある家の前で止まり、じっと玄関を見つめています。表札を見ると北野と書いてあるので、きっと息子さん宅に違いないと思い、

「あら北野さん、偶然ね、ここで何をしているの」

と話しかけました。

「あなたは御近所の方ですか、ここは私の息子の家です」

「じゃあ、中へ入ればいいのに」

「息子の事が心配で来たの。でも何か入りにくいのよね」

服部は北野さんの代わりにドアのベルを押しました。すると牛のように耳と鼻に大きなリング状のピアスをつけた本当に牛のような若者が出てきました。

「えっ、牛。あ、ごめんなさい。この方あなたのおばあちゃんですよね」

「そうっすよ、おばあちゃんどうしたの」

「おばあちゃん、寂しくてここまで歩いてきたようなの。あっ、私施設の管理者の服部です。少しここでおばあちゃんを休ませてからアパートまで送ってくれない」

「いいっすよ。おばあちゃん、入ってお茶でも飲んだらー」

見かけはいかつい牛と思ったけれど、とっても優しいヤンキーな孫でした。人は外見ではわからないなあ、と感心している服部です。本当に人間は外見ではわかりませんよね。

カレー食べた?

中野さんの旦那さんは80歳代後半で、要介護度1の比較的軽い認知症の利用者さんです。夫婦そろって週三日デイサービスに来て楽しんで帰られます。

奥さんが旦那さんに話しかけました。

「今日のお昼は、服部さんがキッチンの日だからおいしいカレーライスだったね」

「うん、服部さんのカレーライスは本当においしいからな。でも今日のお昼ご飯遅いね。お腹すいたよ」

『日向ぼっこ』では利用者さんに家庭の味を楽しんでもらおうと、宅配ではなくスタッフが家庭料理を作って提供しています。今日の昼食担当は服部です。二人の話を聞いて服部もまんざらではありません。でも今日のお昼ご飯は、もう食べ終わっていました。

「服部さん、カレーライスまだ?」

「あなた、何を言っているの。今食べたじゃないですか。ごめんなさいね。この人すぐ忘れるから」

「いいのよ、お腹すいているのよね。おいしいお菓子があるからこれで我慢して」

中野さんは今昼食を食べたばかりにもかかわらず、お菓子をおいしそうに食べ始めました。それを見ていた他の利用者さんが、皆うらやましそうに中野さんを見ています。服部は一人だけお菓子をあげた事に後悔しました。皆の目が服部を非難している事は明らかです。食べ終わったのを見て、

「中野さん、一人だけお菓子を食べたから、罰ゲームでトランプのマジックを皆に見せてあげて」

中野さんは若い時から趣味でマジックをしており、衰えたといえど十分皆を楽しませる事ができます。中野さんもまんざらではなく、早速トランプを出してマジックを始めました。皆それを見て盛り上がっています。トランプのマジックが終わった後、

「ああ疲れた。何も食べていないからお腹すいた。お昼のカレーまだ?」

「……」

うつ伏せで二日間

送迎担当の中畑から服部に電話が入りました。

「木田さんの家に着きましたが、ドアを開けてくれません。声をかけても小さな声で返事があるだけです」

木田さんは生涯独身で一人暮らしをしている女性です。服部は木田さんの身に何かあったかもしれないと思い、家の合鍵を姪御さんから貸してもらい、大江と二人で急いで木田さん宅を訪問しました。木田さんは他人の世話になるのが嫌で近所付き合いもほとんどありません。鍵は木田さんと亡くなった兄夫婦の娘である姪が持っています。

ドアを開けて部屋に入ってみると、木田さんがうつぶせ状態で身動き取れず倒れています。どうしたの、と尋ねてみると、2階の階段から落ちて二日間このままの状態で倒れていたとの事です。木田さんはパーキンソン病のため体が硬く手足が動きにくくなっています。倒れたら誰かに手伝ってもらわないと立ち上がれません。かたくなな性格のためヘルパーの訪問介護なども強く断っています。何とか週2回のデイサービスと入浴だけは受け入れています。

倒れたすぐそばにペットボトルの空容器が転がっていました。その水で何とか生きていたようです。二人は木田さんを布団に移し着替えさせそうとした時、顔の右半分の皮膚がただれ、壊死状態になっているのに気づきました。大江はびっくりし、

「うわー、どうしよう。顔がただれている。救急車呼ぼうか」

以前同じような事があって市立病院へ入院させましたが、木田さんが病院の看護師と喧嘩し、すぐ退院になった事を服部は思い出しました。

「どうせ入院してもすぐ喧嘩して帰されるから、いったん施設でショートステイにしてタカシ先生に診てもらいましょう。ショートステイの間に、自宅にベッドを入れて2階に上がれないようにして、傷が治ったら訪問介護で様子見ましょう」

タカシ先生は、見かけは頼りなさそうな普通のおじさんですが、先生にかかった患者さんは皆元気になります。タカシ先生の見かけはしょぼいですが、隠れた名医ではないかと服部は思っています。

案の定、木田さんはタカシ先生の治療でみるみる元気になり、顔も元通りにきれいになりました。服部はそろそろ自宅へ帰ってもらおうと、

「木田さん、自宅へ帰る準備ができたわ。1階にベッドを入れたから、これからは1階で寝てね。もう2階へは上がっちゃだめよ」

女一人で他人には言えない苦しい人生を歩み、貯金も少なく、近所付き合いもない木田さんに同情していた服部でしたが、木田さんが若いヘルパーに、

「お前は新人か、へたくそな介護をして私に触らないで。私は一人でなんでもできるのよ」

と大声でヘルパーを叱っているのを聞いた時、

「あかん、性格悪い。入院してもすぐ帰されるのは無理ない。病気を治すより性格直すほうが先かも」

服部の机には『扱いにくい人間の対応方法』という本が無造作に置いてありました。

私の保険証がない！

高井さんは85歳のおばあちゃんです。徐々に認知症がひどくなり家族が毎日世話をするのが困難になってきました。そこで服部の施設で週3回お泊りをする事になりました。高井さんはなぜか医療保険証と介護保険証を肌身離さず持っています。小さなポーチを肩にかけ、その中にいつも保険証を入れています。サービス変更のため保険証の確認が必要になったので、大江が保険証を預かった時、高井さんが、

「私の保険証がない！」

と言い始め大騒ぎになった事がありました。そこで服部は本物の保険証を施設で預かり、色紙に『保険証』と書いた偽保険証を作り、

「赤いのが病院の保険証、青いのが介護の保険証よ」

と言って高井さんに持たせました。高井さんはその保険証を本物の保険証と思い込み、大事にポーチに入れていました。

ある日、施設で昼食を食べている時、高井さんが服とポーチにお汁をこぼしたので、偽保険証の事を知らない堺が、ポーチの中を確認せず洗濯してしまいました。偽保険証がぼろぼろになったので、堺は偽保険証と気づかずゴミ箱に捨ててしまいました。

高井さんは、大事な偽保険証がなくなったので、興奮し落ち着きなく施設を徘徊しています。施設の従業員総出で本当の保険証がなくなった、と思い込み探し回っています。その中で一人だけ色紙に何か書いている人がいました。

「保険証あったよ！」

服部が作った保険証を見て高井さんは、

「保険証が出てきた。良かった、良かった」

と偽保険証を大事そうにポーチにしまい込んでいました。探し回っていた従業員は偽保険証と知って呆然としていました。

「私達、必死に探していたのは色紙？」

一人で帰ります

田宮さんは87歳の女性です。認知症がひどいため、今した事を瞬間に忘れてしまいます。デイサービスで退屈そうにしていたので、近くのスーパーに買い物に行く用事があった服部は、田宮さんを一緒に連れていく事にしました。

田宮さんは、買い物かごになんでも入れてしまうので、入れたあとから商品を戻さなくてはなりません。戻した後、必要なものだけ買って施設に帰ります。施設に戻った時、

「田宮さん、今日の買い物楽しかったね」と尋ねても、

「どなたか知りませんが私はどこにも行っていません、ずっとここにいました」

と思った通りの返事です。ちょっと寂しさを感じる服部です。

田宮さんは、自宅に一人暮らしですが、毎日娘さんが食事を作ったり、掃除洗濯をするために通っていました。毎日通うのはさすがに疲れるので、娘さんのために時々『日向ぼっこ』で田宮さんを預かっています。

三日ほどショートステイをした時、田宮さんは自宅に帰る、と言って聞かなくなりました。夜の8時頃、当直の職員の目を盗み、鍵のかかった窓をこじ開け、裸足のままどこかへいなくなってしまいました。施設は大騒ぎとなり、従業員総出で近所を探し回りましたが、見つかりません。服部はきっと電車に乗って自宅に帰ったに違いないと思い、大江と一緒に乗車したと思われる駅に行き、裸足で改札を通り抜けたお年寄りはいないか、と駅員に尋ねました。駅員によればそのような老人は見かけなかったという話です。それでも服部は、田宮さんが改札をすり抜け電車に乗り自宅へ帰ったに違いないと思い、自宅まで車を飛ばしました。

自宅に着くと部屋には灯りがついており、汚れたままの足で、田宮さんがお茶を飲んでいる姿が見えました。田宮さんは部屋に入ってきた二人に、

「ご近所の方ですか。そんなに慌ててどうしたのですか。どうぞお茶でも飲んでゆっくりしてください」

と何事もなかったように話しかけました。

「田宮さん、どうやってここに帰ってきたの。皆心配して探し回っているわよ」

「私は今日どこにも行っていません。家にずっといましたから」

「でもすごい、どうやって家に帰ったんだろう。電車で誰も不思議と思わなかったのかな」

裸足の老人を見て、電車の乗客達は何も感じなかったのでしょうか。あまりにも無関心というか、それとも本当に気づかなかったのか。

今でも施設の十大ミステリーの一つです。

生活習慣病を薬で治す?

糖尿病・高血圧・高脂血症・痛風などの生活習慣病は、まず食事療法や運動療法を行う事が原則です。

ある施設では、入所者さんが夜な夜な食堂に出没する、という事が頻発しました。夜勤のヘルパーが見回りをしている時、利用者さんが部屋にいなくなっているので、担当の看護師に電話で相談したところ、連絡を受けた看護師は、「きっと食堂にいるから探してみて。いたら何か食べ物をあげて」と伝えてきました。食堂を探してみると、翌日の朝食のパンをジャムもつけずに食べている利用者さんを見つけました。

なぜこのような事が起こるのでしょうか。この利用者さんは糖尿病を患っており、毎日1回インスリンの皮下注射を打っています。血糖値は100—120、HbA1c（糖尿病のコントロールの指標になっており4・6-6・2が基準値）は、6・5程度でコントロール良好です。インスリン注射をしなければ、この人はおそらく血糖値は200〜300、HbA1cは10以上あるだろうと思われます。それではなぜ夜な夜な食堂に出没するのでしょうか。それは医師が優秀なため、血糖値を正常に近い値にコントロールしているからです。血糖値が下がってくれば当然の事ですがおなかがすきます。施設では夕食を食べてから、10時間近く食事をせず朝食を待つ事になるので、認知症の人は空腹に耐えられず、食べ物を求めて徘徊する事になります。高齢者の血糖値を厳密にコントロールすると、体調が悪くなる事がよくあります。できるだけ薬の量は少なく、生活習慣で糖尿病と付き合うほうが長生きできます。

下の血圧が高いので治療してほしい、と受診される患者さんもいます。血圧の上が132、下が94程度です。このような方に血圧の薬を出せば、下だけでなく上の血圧も下がり、ふらついたりめまいを起こしたりします。その事を説明しもう少し運動や食事で様子を見ましょうというと、薬を出せと怒り出す患者さんがいます。

下の血圧が高い人にお酒の量を聞くと、たいてい毎晩晩酌をしていると言います。夜お酒を飲むと水分過多になったり、血管内の浸透圧が上がり血管に負担をかけたりして血圧が上がってきます。毎晩そのような事が続くと徐々に下の血圧が上がってきます。このような患者さんにはアルコールを減らし、体重を2、3kg落とすだけでも血圧が正常になりますよ、と説明しています。

生活習慣病の薬は治すのではなく、見かけ上検査値を基準値に戻しているにすぎません。年を取れば認めたくないかもしれませんが、体にいろいろな不具合が出ます。若い時のように時間が経てば自然に治る、という事はありません。薬に頼るのではなく、薬とうまく付き合い病気を持ったまま人生を楽しみましょう。

一病息災とはうまくいったものです。

きちんと説明しましょう

宮本さんは50歳の時、自動車事故に遭い頸椎の5番目を損傷し、胸から下がまひし寝たきりになりました。自宅で奥さんの介護を受けていましたが、65歳になり介護保険が利用できるようになってからは、市内の特別養護老人ホームに入所し介護を受けています。

ヘルパーが朝の検温や血圧測定をするため部屋を訪れた時、宮本さんは、

「起こしてくれ」

とヘルパーに頼みました。ヘルパーは一人で車椅子に乗せるのは大変なので、

「あとでね」

と言って宮本さんを起こさず部屋を出ました。宮本さんはその日一日機嫌が悪く誰とも話をしません。施設長が宮本さんのご機嫌伺いに部屋を訪れた時、宮本さんは、

「あのヘルパーに起こしてくれ、と頼んだのに無視して部屋を出ていった。首がしんどいから少しベッドを上げてくれるだけで良かったのに」

「宮本さん、体は動かないけど口はしっかり動くんだから、ベッドを上げてくれ、ときちんと説明しないとだめだよ。ヘルパーさんは、あなたが車椅子に移動したいのだろうと勘違いしたと思う。宮本さんは体重が重いから女性一人では動かせないんだ。あとで皆と一緒に宮本さんをベッドから移そうとしたと思うよ。長い間ホームにいると、ちゃんと説明しなくてもヘルパーさんがわかってくれると思い込んでしまうけど、誤解を防ぐためにも、相手にわかるようにきちんと説明しないとあとで不満が出るよ」

宮本さんは「わかった」と一応納得して今回の誤解は解けたようです。

ある日、問題を起こしたヘルパーが入浴の介助をしている時、宮本さんのペニスの先が2つ膨らんでいるのを見つけました。ヘルパーはこの前施設長から、宮本さんの話をきちんと聞くように言われていたので、

「宮本さん、あそこが2個膨らんでいるよ。ひょっとしたら癌かもしれないから病院で診てもらったら」

と伝えると、宮本さんもわかりやすく話さないといけないと思ったのか、言わなくてもよい

事まで説明してしまいました。

「実は俺の物、小さいから真珠を入れているんだ」

「えー、どうして」

「こいつが小さいと女が喜ばないんだ。それで2個真珠を入れたのさ。お前触ってみるか」

「何言ってるんですか。セクハラで訴えますよ。もうこんな事まで説明しなくていいです」

「施設長がきちんと説明しろ、と言ったから説明してやったのに。もっと話してもいいか」

ヘルパーは怒って何も言わずに部屋を出ていきました。

「なんだ。やっぱり人の話を聞かずに出ていくじゃないか」

私レイプされたんです

服部は朝出勤してから、お泊まりをしていた利用者の山本さんに朝食を作って、部屋に持っていきました。

「服部さんどうしよう。昨日の夜、私襲われたの。当直の松田さんがベッドに上って、私を押さえつけレイプしたの」

山本さんはおびえながらも、少し恥ずかしそうに顔を赤らめて訴えてきました。前夜の当直は松田です。お泊まりは山本さん一人でした。山本さんは認知症が進んだ90歳の女性です。服部は、さすがにそれはないだろうと思いましたが、念のため松田に尋ねました。

「山本さんが、昨日あなたにレイプされたと言っているよ」

「服部さん、勘弁してくださいよ。僕にも選ぶ権利はありますよ」

松田は憮然として答えました。

山本さんが嘘をついている事は明らかと思いましたが、念のため山本さんの部屋へ行き、状況を確かめようとしました。

「山本さん、松田さんがあなたに覆いかぶさってきたの?」

「そう、とっても重かったわ。息ができなくて死ぬかと思った」

服部は山本さんの布団を注意深く見てみると、白い少し硬めの毛が落ちているのに気づきました。服部は何が起きたか状況をすぐ察知しました。昨日、他の利用者さんが、急遽手術のため入院する事になったため、飼っていた犬のチワワを、その間施設に引き取る事になったのを思い出しました。このチワワは子宮の手術をした後、丸々太り松田のような体形になりました。ご主人がいなくて寂しくなったチワワは、山本さんの布団に入り込み、おなかの上で寝てしまったのでしょう。

「山本さん、松田君じゃなくて、犬が上に乗ったんじゃないの」

「ええー、あれはきっと松田さんよ。だって松田さんって遠くからいつも私を見つめているの。それで私を奪いたいのかなあと思ったのよ」

「それは、見つめているのじゃなくて、見守りしているのよ」
と言いそうになるのを思いとどまった服部でした。

何も悪い事はしていないのに

癌と言われた時、たいていの患者さんは動揺します。その時患者さんの反応はどうかといえば、何を言われているのか想像できない、というのが最もよくある反応です。タカシ先生のクリニックにも癌患者さんが時々来院されます。規則正しい生活をしている患者さんなら納得できますが、飲酒や喫煙を繰り返している患者さんですら、癌になった時、次のような事を言われます。

「先生、私は癌になるような悪い事は何もしていません。なぜ私が癌になるのでしょうか」

飲酒や喫煙をしていても、患者さんは体に悪い事をしているとは思っていません。それは当たり前かもしれません。タバコや酒はコンビニでも売っているのですから。しかし酒とタバコを同時に飲んだり吸ったりすれば、胃癌、肺癌、食道癌、膀胱癌等になりやすい事は常識になっています。そのような事は知りたくないか知ろうとしないだけなのでしょう。告知後しばらくすると患者さんが落ち着いてきますので、

「今は癌になっても治療法が進歩し治る人もたくさんいます。悪い生活をあらためるチャンス

と思って、酒やタバコを控えてください。気持ちをしっかり持って治療を受けましょう」と言っています。

毎日20本以上もタバコを吸っている人は、肺癌にならなくとも肺気腫になるかもしれません。肺気腫は初期には自覚症状がありません。ある日風邪や気管支炎になって、呼吸苦がひどくなり受診する事があります。そんな時、

「先生なぜこんなに息苦しいのですか。私は何も悪い事はしていないのに。一体何が起こったのですか」

と訴えます。そのような時には、患者さんの肺のCTを見せて、肺がつぶれてしまっているのを見せます。タバコを吸っていればこのような肺になります、と説明し納得してもらいます。

人間は経験して初めて理解できる事が多いものです。癌にならなければ癌患者の絶望感はわかりません。脳梗塞にならなければ、脳梗塞患者の不自由な体が理解できません。心筋梗塞にならなければ、発作時の恐怖感や痛みは経験できません。これらの病気は人生を反省し振り返る良き経験となりますが、やはりならないに越した事はありません。規則正しい生活や体に悪い事をしないほうが、最先端の医療よりずっとずっと重要です。

聖人や仙人のような生活では、ほとんどの人は生きがいを感じる事はないかもしれません。しかしあとで後悔するより、規則正しい生活をして元気に生きていくほうがいいと思います。でも、やっぱりタバコやお酒やめられないですよね。

早く死なせてください

堀内さんは、デイサービスに通いながら、タカシ先生の往診も受けているおばあさんです。今日も服部を連れて往診に行くと、

「先生、こんな99歳にもなるばあさん、早く死なせてください」

といつも言います。タカシ先生は慣れた様子で、軽く堀内さんをかわします。

「最近99歳なんて珍しくないよ。110歳の奈良県最高齢のおじいちゃんも診ているんだから」

「先生すごいですね。私はもう十分です。この前息子が脳梗塞になって、お嫁さんも介護で大変そうだし。生きていても皆に迷惑かけるだけだから。それより先生、今朝からめまいがして何か調子が悪いんですよ。どうしたのかしら」

「どれどれ、ちょっと診てみましょうか」

と言ってタカシ先生は診察を始めました。

「うーん、上の血圧が180もあるなあ、薬はきちんと飲みましたか」

「はい。先生の出された薬は、毎日きちんと飲んでいます」

「手足が動きにくかったり、話しにくいという事はありませんか」

「めまいと頭痛以外はないですね」

「今日は横になってゆっくり休んでいてください。血の検査と脳のＭＲＩ予約しておきますね」

「先生、大丈夫ですか。私死んだりしませんよね」

「今、早く死なせてください、と言ったばかりじゃないですか」

「……」

往診が終わって、自動車の中でカルテを整理していると、堀内さんが庭に出てきて、お稲荷さんに何か必死に拝んでいます。服部が、

「堀内さん、お稲荷さんに死にたくないからどうぞお守りください。と拝んでるみたいですよ」

「うーん、女は何歳になっても嘘つきだねえ、僕が若い女の子に手玉に取られるのも無理ないか」

「先生、いつもそこに行きつくね」

「……」

コラム② 介護保険施設の種類

ひと口に「介護保険施設」といっても、いろいろな種類の施設があります。よく知られている施設について説明すると、以下のような違いがあります。まず介護保険三施設（公的施設）について説明します。

1．特別養護老人ホーム（特養）

介護といえば特別養護老人ホームを思い浮かべる人も多いと思います。それほどよく知られた介護施設です。介護中心で、要介護3以上の人が入所できます。長期療養可能ですが、末期の看取りをしている施設としていない施設があります。

2．介護老人保健施設（老健）

リハビリ中心で、病院を退院後3～6か月間入所できます。要介護1以上の人が入所できます。自宅と病院の中間施設の役割を担っています。

3．介護医療院、介護療養型医療施設

気管切開、胃瘻（いろう）、中心静脈栄養など医療処置が必要な人が入所できます。かつての慢性期病棟のような施設です。要介護1以上の人が入所できます。

これらの施設はいずれも入所時の費用はいりません。月額費用は多床室（4人部屋）では5万円から17万円、ユニット型（個室）では18万円から22万円程度です。利用者の収入によって値段は変わります。以上は公的施設です。

次に介護保険法に規定された民間施設について説明します。公的施設は医療法人や社会福祉法人でなければ開設する事はできません。民間施設は法人格を持っていれば民間の事業者でも開設できます。

1．グループホーム

医師によって認知症と診断された人のうち、要支援2以上の人が入所できます。家庭的な雰囲気の中、少人数で共同生活をする事がコンセプトとなっています。月額費用は10万円から15万円程度。入所時に一時金が必要な施設もあります。1ユニット9名程度の少人数で共同生活を送ります。

2．有料老人ホーム

有料老人ホームには、介護付きと住宅型の2種類があります。介護付きは施設が介護を提供します。住宅型は入所者が自分で施設外の介護事業所と契約しサービスを受けます。住宅型でも施設付属のサービス事業所を持っているところもあり、そのような施設では介護付きと、中身はほとんど変わりません。一時金が発生する施設も多く月額費用も高めです。

3. サービス付き高齢者向き住宅

普通の住宅と全く変わらないような施設から、介護付き有料老人ホームのような施設まで形態は様々です。利用する人も自立の人から重度の方まで様々です。必要な費用は有料老人ホームより低額になっています。国の政策により施設の数は格段に増えています。

4. デイサービス、デイケア

どちらも通所型サービスです。デイサービスでは入浴、食事、レクリエーションなどの介護サービスを受けます。デイケアも通所型サービスですが、主にリハビリ中心となります。入浴や食事の提供をしているところもあります。デイケアは医療機関が運営しています。

5. 小規模多機能居宅介護（小規模多機能）

訪問介護、デイサービス、ショートステイ（いわゆる「お泊り」）を1か所の施設で受ける事ができます。地域密着型サービスで、小回りの利く使い勝手の良いサービスです。しかし人手がかかり介護報酬も少ないため、半数近くの事業者が赤字です。

『日向ぼっこ』も小規模多機能です。小規模多機能の施設基準や人員基準については別のコラムでもう少し詳しく説明します。

老老介護は危険がいっぱい

坂内さんの奥さんは、脳梗塞と糖尿病でタカシ先生の往診を受けておられる患者さんです。近鉄沿線の昔風の二階建て長屋に夫婦で住んでいます。長屋ですので隣の家とは離れておらず、壁一枚でつながっています。奥さんは半身まひがあり、体が不自由なため1階で暮らし、旦那さんは2階で暮らしています。週三日ヘルパーが訪問介護に入り奥さんの食事を作り、週二日近くのデイサービスで、入浴サービスと食事サービスを受けています。残り二日は、旦那さんが奥さんの食事を作りトイレ介助もしていました。

二人とも80歳は超えています。さすがに旦那さんも奥さんの介護は辛そうです。若い時は二人で小さな居酒屋をしていたため、二人とも少ない国民年金を受け取っているだけです。施設に入るほどのお金は持っていません。一人娘は結婚せず、近くのスーパーでパートをしています。自宅にお金を入れる余裕はありません。

タカシ先生と服部は、月2回の往診をしていました。ベッドの横にはタバコの吸い殻が空き缶の中に無造作に捨ててあり、電気ストーブはなく、灯油ストーブを使用していました。服部はいつも、タバコは火事になるのであぶない。禁煙してください。灯油ストーブは電気ストーブに変えてください、と坂内さん夫婦に口を酸っぱくして注意していました。奥さんは、タバコは一日に数本しか吸わないから火事にならない、まだボケていないから灯油ストーブで良い、と取りつく島もありません。

ある冬の寒い日に、奥さんのベッドの布団がストーブに接触し、瞬く間に火が広がりました。火事場の馬鹿力とはうまくいったもので、奥さんは不自由な体で何とか外に出て一命をとりとめました。旦那さんは2階でお酒を飲んで寝込んでしまっていたため、逃げ遅れ焼死してしまいました。火の勢いは強く長屋もすべて火の海になり、幸い隣人には死者は出ませんでしたが、皆高齢で貧しい人ばかりです。寒空に身一つで投げ出されてしまいました。

年を取れば他人の忠告が耳に入りません。しかし無視した代償はとても大きい事があります。他人に危害が及ぶかもしれない時は、年を取っても素直に人の話を聞き、できる事を少しでも改善したいものです。

モンスターの果てに

黒木さんの娘さんは50歳代の専業主婦です。御主人はすでに亡くなり、今は認知症の母親と二人暮らしです。その母親はなぜか施設を転々としています。

黒木さんの母親がケアマネージャーの紹介で、服部の友人が施設長をしている特別養護老人ホーム（特養）に入所されました。入所後、施設長は黒木さん親子に翻弄されていました。

最近の特別養護老人ホームは、ユニット型といわれる少人数制の個室管理が中心となっていて、従来型の多床室は少なくなっています。ユニット型は個室ですので、介護する側には負担が大きく、介護スタッフの数も以前より多く雇わなければなりません。一人当たりの床面積も広くなり、入所費用は住民税を払っている世帯には以前ほどのお得感はありません。そのため、以前のように行列を作って特養の入所を待つ事は少なくなっています。不便な場所に建てられている特養では、部屋が空いているところすらあります。そのため特養の営業マンが、病院に利用者の入所を頼みに来る事もあります。この特養も部屋が空いていたため入所会議も簡単にすませ、すぐ黒木さんの母親の入所を決めてしまいました。

入所してから黒木さんの娘さんの態度は一変し、母親に熱や咳があれば、スタッフの食べさせ方が悪くて、誤嚥性肺炎を起こしたとか、手や足に内出血があれば転倒させた、部屋が汚い、お金をスタッフに取られた、体がしんどいと言っているのに受診させなかった、など毎日のようにクレームを言ってきます。施設を転々としているのは、娘さんがモンスタークレーマーによるものか、と施設長はあらためて納得しました。スタッフから、黒木さんが退所しないなら自分達が辞めると言い出されて、さすがに施設長も対応せざるを得なくなり、黒木さんに退所するよう伝えました。退所するまでゴタゴタが続きましたが、何とか退所させる事ができ施設長もほっとしたようです。

介護の世界は狭く、娘さんのモンスターぶりはどこの施設でも有名になり、お母さんを引き受けてくれる施設はなくなりました。訪問介護も誰も行きたがらず、担当になったヘルパーはすぐ辞めてしまうため、訪問介護も行う事ができません。そのため娘さんが自分で母親の介護をしなくてはならなくなりました。ヘルパーの介護に文句をつけていた黒木さんですが、自分で介護をするとさすがに大変です。自分の親ですから誰も文句は言いませんが、その代わり誰も助けてくれません。食事、トイレ、入浴など一人でやるととても大変です。くたくたになってもゆっくり眠る事もできません。しかし黒木さんのような女性は、このような状況になっても、自分の言動を反省する事はありません。いつものようにケアマネが悪い、ヘルパーが悪い、施設が、奈良市が、国がと他責のオンパレードです。

黒木さんが疲れて眠っている時、認知症の母親は十分な食事をとれていなかったため、洗剤を飲み物と勘違いし、大量に飲んで消化管出血を起こして亡くなってしまいました。救急車で病院に運ばれた時には、昏睡状態で処置のしようがなかったようです。それでも黒木さんはいつものように、

「医者は何もしてくれなかった。亡くなったのは医者が悪い」と病院を訴えました。悲しい事に医療や介護の世界にいると、このような話は特に珍しい事ではありません。人間の業はとっても深いのです。

本当ならいいお父さんになっていたかも

ひと昔前の奈良は部落差別が激しく、被差別部落の子供達は、地域や学校で激しいいじめを受けていました。学校に行きたくてもいじめのため登校できず、地域でたむろし、不良少年や暴走族になってしまった子供達もいます。

タカシ先生と服部が往診している川上君（50歳になるのですが、皆に君づけで呼ばれています）も、若い時は地域の仲間と暴走族を結成し、爆音を響かせながら悪の限りを尽くしたようです。学問もなく手に職もつけていなかったため、大人になっても貧困から脱する事はできませんでした。覚せい剤を打っていたためC型肝炎になり、アルコールの多飲も加わり、肝硬変にまで進んでしまいました。肝機能が低下するにつれて、持病の糖尿病も悪化し、今ではインスリン注射も打たなければなりません。そして40代の時、かっての仲間達と金銭関係でもめ、頭を鈍器で殴られ、意識不明の状態で入院しました。右の頭蓋骨が陥没し、右脳はほとんど機能を失ってしまいました。何とか命はとりとめましたが、重い障害が残り生活保護を受給しながら、在宅で介護や看護を受けて生活しています。

これだけ聞くと、皆さんは怖くて往診なんか行けないだろう、と思うかもしれません。しかし川上君は皆が思っているような悪ではなく、往診に行けば私達に必ずありがとう、と言ってくれます。訪問介護や看護の人達にも感謝し、暴力を振るったりする事は決してありません。いくら注意しても酒とタバコはやめませんが。

本人達に何の責任もなく、ただその地域に生まれただけで激しい差別を受けなければならなかった。このような理不尽な差別がなければ、川上君も楽しく学校に行き成長し、やがて社会に出て、立派な家庭を築いていたかもしれません。同じような境遇の人達も、生活保護を受ける事なく税金を納め、国のために働いていたかもしれません。

人間の優越感や差別意識が、このような大きな負の遺産を残しているのです。

包丁を持って追いかけられる！

岡村さんは、若い時は知らない人がいないぐらいの有名な暴力団員でした。脳の動脈硬化が進み認知症を発症して以来、唯一面倒を見てくれていた奥さんが、家を出てしまったので、一人暮らしをせざるを得なくなりました。

ある日近所の方から、岡村さん宅の新聞が、郵便ポストに入ったままになっており、呼び鈴を押しても返事がない、と民生委員に連絡が入りました。民生委員は、岡村さんが元暴力団員と知っているので警戒し、まず警察に連絡し駆けつけた警察官と一緒に家に入りました。中に入ると岡村さんがリビングで倒れていました。呼吸はしていましたが意識がないようです。病院へ緊急入院となりましたが、治療のかいあって急速に回復し、元暴力団員の一面が出てきました。看護師達は怖がって近づくのを嫌がり、困った主治医は知り合いの服部に連絡してきました。

「服部さん、看護師が怖がって岡村さんに近寄らないんだ。これ以上入院させるのは無理だから、自宅で生活できるように、そちらの施設で面倒見てくれないかな」

服部はまた無理難題を押しつけられたと感じましたが、いつもお世話になっている主治医の先生の頼みだったので、

「わかりました。やるだけやってみます。もし無理だったらまた助けてくださいね」

と言って引き受けてしまいました。

服部と大江は、自宅で生活できるように手すりやベッド、風呂場の改修を行い在宅介護が始まりました。始まってみると思ったほど悪党ではなく、服部やヘルパー達には抵抗もせず、介護を受け入れています。おそらく自分の行動を反省しているのかもしれません。

ある日、松田が入浴させるために、岡村さん宅へ訪問介護に出向き、お風呂へ入れようとした時、足が滑って岡村さんを転倒させてしまいました。すると歩けないはずの岡村さんが突然怒り出し、ふらふら歩き始めました。台所から包丁を持って松田に向かってきました。足に力がないため、台所と居間の間のしきりに躓き、松田のはるか手前で再び転倒しました。幸いというか、松田にとっては残念というか、骨折する事もなく軽いけがですみました。それ以来

立って歩くという事はありませんが、さすがは元暴力団員と皆感心しました。服部は、「やればできるじゃないの。歩けない岡村さんが歩くなんて。これからはもっと怒らせてみるか」

「服部さん、やめてくださいよ。そんな事したら、大江のように僕も辞めるコールしますよ」

「アハハ、ごめん、ごめん。歩き出したのがすごかったので、つい言ってしまったわ」

その後岡村さんは、年金もないため財産が底をつき、善良な市民を脅して得たお金で建てた豪邸を手放し、近所の安いアパートに移らなければならなくなりました。今では生活保護を受けながら、服部達の世話になり何とか生きておられます。人間悪い事はできません。年を取れば自分の思い通りにいかないものです。人の世話にならないと生きていけないのですから、毎日感謝して生きたいものですね。

貧すれば鈍する

吉本さんは78歳の女性で、タカシ先生のクリニックに通院している患者さんです。被差別部落出身のため、若い時激しい差別を受け、学校にも行けず、ほとんど教育を受けられませんでした。現在は表立った差別は見られませんが、いまだに完全に消えたわけではありません。本人には何の責任もないのに、生まれた場所が被差別部落というだけで差別される、信じられない悪弊です。もしこのような差別がなければ、多くの人達が地域に閉じこもらず、才能を磨き社会で存分に活躍し、もっと明るい未来があったのでは、と思わずにはいられません。

吉本さんは学校にもろくに行けなかったため、読み書き算数などの生活するうえで絶対必要な事ができません。文字を読んだり書いたりできないので、普通の仕事はできません。生活保護を受けながら、奈良公園の掃除をして生活してきました。長い間の保護生活で、お金をもらうという事が当たり前になり、自ら努力をして生きていく事ができなくなりました。周りにも同じような境遇の人達がいて、いつもどうしたらお金をもらえるか皆で話し合っています。このような状況になると、何が真実で何が間違っているか、という簡単で当たり前の事がわからなくなります。

ある日、吉本さんがタカシ先生に介護認定を受けたい、と言って受診されました。聞けば腰や足が痛いし、家でじっとしているのも退屈なので、デイサービスを受けたいとの事でした。タカシ先生は、服部に介護認定を受けさせる手配を頼みました。服部は大江に書類を準備させ、認定調査の日取りを決め、当日になりました。

吉本さんは高い介護度を得ようと、必死に調査員に自分の病気を訴えます。

しかし結果は最も軽い要支援1でした。それでも限度額は4万円ぐらいになります。この限度額は、介護サービスをこの金額まで受ける事ができるという基準額です。

吉本さんは何を勘違いしたのか、おそらく知り合いに間違った情報を吹き込まれたのでしょう。毎月介護サービスを受ければ、この金額を自分がもらえると勘違いして、必死に認定調査を受けたものと思われます。大江から、お金は吉本さんがもらうのではなく、サービスを提供した施設に入る、と説明を受け落胆し、なぜか憤慨し介護サービスを拒否したのです。

こんな当たり前の事が理解できず、自分がお金をもらえると考えるのは、やはり長い間の保護生活によって感覚がまひした結果でしょう。

貧すれば鈍する、本人達が悪いわけではありません。人間が他人に対する優越感を持ちたいがためこのような差別社会を容認してきた、この事が問題の根源です。

強がり言っても寂しい

柳本さんは、鳥取の境港というところで生まれました。父親は毎日酒を飲んで漁がある時だけ働きに出ます。子供は妹が二人、弟が一人です。長女が柳本さんです。母親は父親の働きだけでは暮らしていけないので、漁師相手のスナックで夜遅くまで働いていました。中学卒業して同級生が高校へ進学するのに、柳本さんの家は貧しく学費が払えないため、大阪貝塚の紡績工場へ働きに行く事になりました。卒業式が終わると、柳本さんは同級生に気づかれないようにそっと大阪へ出発しました。大阪で働きながら定時制高校も卒業しました。しかしその時付き合っていた男に給料のほとんどを取り上げられ、暴力も受けていたので、柳本さんは生きる気力を失い、南海電車のホームから身を投げ自殺しようとしました。

柳本さんの異様な様子を見ていた奈良のお坊さんが、事情を尋ねようと声をかけてくれました。柳本さんは、「身も心も疲れ果ててしまって、このまま生きていても仕方がないので電車に身投げをしようとした」とお坊さんに伝えました。お坊さんは「人生にはいろいろな事がある。仏様は人様の命を奪う事も自分の命を奪う事も許されません。死ねばあの世で苦しむだけです」と話し、柳本さんを奈良まで連れていき、知り合いの有名な旅館の主人に預けました。

柳本さんはその旅館に住み込み、65歳になるまで働き続けました。結婚しなかったため今は一人暮らしです。コーヒーが好きで毎日10杯ほど飲んでいました。そのため胃を荒らし、胃潰瘍になった事が縁でタカシ先生に出会いました。

「先生、私小さい時からずっと貧しくて家庭の愛情もなく、男にも騙されてしまったわ。今は年金も少ししかなくて、古い壊れかけのアパートに一人で暮らしているの。女の一人暮らしとバカにされたくないから強がって生きてきたけど、さすがにこの頃とても寂しいの」

「柳本さん、僕の知り合いの看護師が小規模多機能施設の責任者をしているんだ。服部っていうんだけど利用者さんに絶大の人気があるんだよ。一度彼女に相談したらどう。会ったら元気が出るよ」

服部と会って彼女の人柄に魅かれた柳本さんは、自分のつらい過去を話しているうちに心が軽くなり、そのまま施設のデイサービスを利用するようになりました。柳本さんは少しずつ笑顔が見られるようになってきましたが、まだ施設に慣れるまでには時間がかかりそうです。

孤独は病気を悪化させます。医者の診察を受けたり、リハビリをしたりゲームで遊んだりする事より、人と一緒に楽しく話し、笑ったり泣いたりするほうが健康にはずっと良いのです。

コーヒーブレイク 夏休み

今日は少し気分を変えて、小学校の時の淡い思い出を一つ書いてみました。

小学生の時は夏休みが近づくと、学校へ行かなくても良いという解放感から、うきうきした気分になっていました。昭和40年頃は、夏休みのラジオ体操を毎日、朝6時半から近所の集会場のようなところで行っていました。ラジオ体操が終わると上級生が作った竹のハンコで、ラジオ体操カレンダーに○を押してもらっていました。出席しなくても、自分で勝手に竹印を作って押していた子もいました。昼になれば、開放された学校のプールで毎日夕方まで真っ黒になって遊んでいました。今なら学校が絶対に許さないだろうと思います。

夏休みで一番楽しみにしていたのは、隣町に住んでいた2歳年上のきれいな従姉妹と遊ぶ事でした。母親同士が姉妹だったので、自転車に乗ってよく行き来していました。私が小学5年生の時には彼女はもう中学生でしたので、こちらがいくら淡い恋心があっても、ほとんど恋の対象にはしてくれません。彼女が、同級生の男の子がスポーツマンでかっこいい、などと話し出すと、とても落ち込んだものです。一緒に夕方山道を散歩している時は、伊藤左千夫の『野菊の墓』を思い出して、まるで自分達のようだと勝手に想像していました。昼は二人で近くの川で泳いだり魚をとったり、夜になると伯母さんが出してくれたスイカを食べ、白黒のテレビを見ながら、楽しく夜が更けていきました。

まだその頃は伯母さんが、二人の布団を同じ部屋に敷いて寝かせてくれたりしていました。もちろん皆さまが思うような事は何も起こらず、夜は過ぎていきました。しかし彼女が中学2年生になる頃には、一緒に遊んでくれる事もなくなり、私の夏休みの楽しみはさみしく終わりました。

いくらコロナで売れ行き悪いと言っても

今日は施設の利用者さんが待ちに待った外出の日です。何日も前からあそこがいい、ここがいいと皆で話し合ってきました。いつもなら収穫の秋で神社の多くは秋祭りを行っていますが、今年はコロナ禍のため秋祭りが中止になった神社もあります。

今回は京都の有名な神社に参拝に行く事になりました。3台の車に分乗して出発です。病気や障害のあるお年寄りを外に連れ出すのは大変です。頻尿の人、歩けないので車椅子が必要な人、オムツの交換の必要な人もいます。到着するまで、何度もトイレやオムツの交換をする場所を、探さなければならない事があります。

新型コロナウイルスの影響で屋台は少なく、訪れる人も少ないようです。それでも他の神社に比べれば結構な人出です。利用者さんもマスクをしたり消毒したり大変です。皆さん自宅に閉じこもりがちなので、久しぶりの外出で楽しそうです。

参拝が終わり、喫茶店でおいしい抹茶をいただき帰ろうとしました。スタッフの上田が、おいしそうなたこ焼きを売っている屋台を見つけ、

「ねえ服部さん、このたこ焼きおいしそうだから施設のお金で買っていい？」

「そうね、お金の事はまた理事長に言っておくわ。それとあそこの大判焼きもおいしそうだから買っていきましょう」

二人は従業員と利用者の分を買って車に乗り込み、皆で食べ始めました。

利用者の新庄さんが、

「このたこ焼きのたこ、こりこりして味がないの」

「えー、新庄さん味覚も落ちてきたの。私が食べてみるわ」

服部はたこ焼きを食べ始めましたが、本当にたこの味がしません。

「おかしいな。あれー、こんにゃくを小さく切ってある」

松田も、

「本当だ、こんにゃくなんてひどい」

皆でこんなのあり、と騒いでいると大判焼きを食べていた吉田さんが、

「この大判焼き、中身のあんこがない」

と言い出しました。服部はそんなはずはないだろうと大判焼きを調べてみると、

「本当だ、あんこがない。あっ、吉田さん、もっと中のほうに少しだけあんこが入っているよ」

大判焼きを割ってみると、中心のほうに少しだけあんこがありました。

そのあんこもおいしい粒あんではなく激安あんのようです。

「服部さん、僕店に行って文句言ってきます」

といつもは気の弱い松田が珍しく怒っています。食べ物の恨みは恐ろしい。

「有名な神社で店を出しているのに。きっと神様も泣いているわ。でも松田さん、飲食業はコロナ禍で皆生活苦しいと思うの。生き残るために必死なのよ。でもこんな事をしていたら、皆買わなくなるよね。なんか寂しいね」

たこ焼きと大判焼きのダブルパンチを食らって、帰りは皆気分が落ち込み寂しそうです。

「商売って楽をしたり、人を傷つけたりしちゃ絶対にいけないのよね。苦しい時でも歯を食いしばってお客さんに喜んでもらわないと」

近江商人は『三方良し』と言っています。売り手良し、買い手良し、世間良し。この精神で商売をしなければ、やがては、見向きもされなくなります。

長年連れ添った夫婦なのに

藤田さん夫婦は結婚して50年近くなります。ご主人は一流企業で設計の仕事をしており、部下も20名近くいました。奈良の高級住宅街に住み、長男と長女の二人は独立し、長男は東京に、長女は大阪に住んでいます。奥さんの話によると、まじめに会社に勤めたため、退職時には会社から請われて嘱託として残り、数年働いたようです。

ご主人が脊柱管狭窄症を発症し、歩くのが難しくなってきたので、タカシ先生に往診を依頼されました。初めての往診の日、服部とタカシ先生が藤田さん宅を訪ねた時、自宅にはほこり一つなく、かいがいしく世話をする奥さんの姿がありました。ご主人は性格が非常に細かく神経質で、うつ病も持っているようです。精神科にもかかっておられるようでした。服部もタカシ先生も細かい性格は苦手です。初回は恐る恐る診察し、今後の往診の予定や薬の配達など説明し、挨拶程度で帰りました。

「あんな神経質な旦那さんの世話をかいがいしくするなんて、奥さん偉いですねえ」

と服部は感心してタカシ先生に言いました。

「うん、俺なら年金半分もらって別れるな」

とタカシ先生のコメントは意味深です。

その後ご主人の腰が痛い、歩けない、食欲がない、など様々な訴えを根気よく聞きながら、往診を続けていました。ある日往診に行くと、奥さんも腰椎ヘルニアを悪くし、手術するため入院されていました。ご主人は食事やトイレ、風呂などすべて自分でやらなければなりません。不思議な事に、ご主人の症状は逆に軽くなり、訴えも少なくなりました。よく動くようになったため、病気から心が離れ症状が軽快したものと思われます。しかし奥さんが退院すると、また以前の神経質な藤田さんが復活し、奥さんや服部達に愚痴をいうようになりました。

藤田さんは、退職後会社に請われて嘱託で働いていましたが、以前の部下達が、

「なんで藤田さん嘱託で残っているの。社交辞令で残ってほしいって言っただけなのに本気にして。藤田さんがいると本当にうっとうしいんだから」

と話しているのを聞いて、藤田さんのうつ病が悪化し会社を完全に辞めた、という話を奥さんから聞きました。服部は、ウンウン部下の気持ちもわかる、本当に細かい性格なので、自分の上司なら持たないだろうな、と納得しました。

退院してからも奥さんは、腰の痛みに耐えながら、ご主人の世話を文句も言わずに続けていました。奥さんは、私がいなければこの人何もできないから、と藤田さんをかいがいしく支えていました。

ある日タカシ先生と服部が再び往診に行った時、奥さんの姿が見えません。

「奥さん、また入院されたのですか」

と尋ねると
「妻が突然東京の息子のところに行って、そのまま東京の有料老人ホームに一人で入所した」

と話され、藤田さんには寝耳に水だったようです。奥さんは息子さんに事情を話し、「これ以上、主人と一緒にいるのは耐えられない」と窮状を訴え、息子さんから入所費用を出してもらい、有料老人ホームへ一人で入所したようです。

「藤田さん、一人になったら生活できないですよね」

と服部が尋ねると、

「息子と娘が話し合って、私は大阪にいる娘の近くの有料老人ホームに入所する事が決まりました」

と寂しそうに話しました。奥さんは長年旦那さんを支えてきましたが、退職後どこにも出かけず、ずっと家にいるご主人に耐え切れなくなり、子供達に離婚の話をしましたが、子供達から有料老人ホームに入所し離れて暮らしたらどうか、と提案されたようです。旦那さんの有料老人ホームの費用は、自分の年金を使っているようです。

いつも奥さんが、文句も言わずに旦那さんの世話をしていたので、このまま仲良く老後を暮らしていくのだろう、と思っていた二人は突然の結末に唖然としました。

病気を患っている人は、家族や知り合いに自分の不調を訴えます。自分以外の人は健康で元気だと勘違いして。しかしその訴えを聞かされた人は気分が重くなり、ストレスが溜まります。藤田さんも病気を持ったまま笑顔で暮らしていたら、夫婦の関係も少しは違ったものになっていたかもしれません。

骨肉の争い

佐藤ミキさんは往診をしていた患者さんです。認知症がひどくなりご主人が亡くなられた事もあって、服部が所属する医療法人が経営する有料老人ホームに入所しました。

ミキさんは、旦那さんと二人で暮らしていましたが、後妻さんです。ご主人には前の奥さんの子供である二人の息子さんがいます。ミキさん自身には子供はいません。長男は大阪で家庭を持ってサラリーマンをしています。次男は結婚せず奈良のマンションで一人暮らしをしています。派遣社員のため生活は苦しいようです。旦那さんもタカシ先生の往診を受けていました。慢性呼吸不全の病気を持っておられ、酸素なしでは息苦しくて歩く事もできない状態でした。旦那さんは京都で会社を経営し、奈良の一等地に自宅を持ち財産もたくさんありました。死が近づくにつれ、旦那さんはミキさんの事を心配し、

「俺が死んだら、ミキは子供達に追い出されるだろうな」

といつも話していました。

「それならきちんと遺言書を書けばどうですか」

と旦那さんに提案しても、子供達に遠慮して書きませんでした。

旦那さんが亡くなったあと遺産相続が行われ、ミキさんが2分の1、子供それぞれが4分の1を相続しました。しかし次男は派遣社員で不安定な生活をしているためお金が必要です。後妻のミキさんが、財産の2分の1を手に入れた事に納得いきません。またミキさんのお金は、認知症のため自分で管理できないので、長男さんが代わりに管理しています。

次男は、長男がミキさんのお金を自由に使い込んでいると思い込み、長男に内緒で弁護士を雇い、後見人をつけようとしました。ミキさんの財産をいったん後見人に管理してもらい、長男から財産を守ろうとしたのです。長男は、ミキさんが施設で暮らすために必要なお金を使っていただけですが、次男は長男が使い込んでいる、と信じて疑いません。しかしその計画は長男が知るところとなり、今度は長男が、家庭裁判所にミキさんの財産を奪おうとしていると言って次男を訴えました。服部はあまりにすごいこのバトルに感心し、

「うちの理事長もこれぐらいお金に執着すれば、奈良で一番の施設が作れるのに。理事長は、かわいい女の子を秘書にする事ぐらいしか興味ないからなあ。お金に欲がないから無理よね」

お金は人のため社会のために使えば、やがて巡り巡って使った以上に返ってきます。自分のためだけに儲けたり使ったりすれば、いつの間にかなくなってしまうものです。

お金より大切なもの

井内さんは当時110歳で、奈良県最高齢男性を2年間保持した利用者さんでした。施設にとっても、県の最高齢者をお世話しているのは光栄で、皆自慢の種でした。井内さんは、現役の頃遠洋漁業の船に乗り、アジアの港町で浮名を流した、といつも自慢していました。100歳前後の時は、頭もしっかりしており体も筋肉質でまだまだ元気でした。若い頃稼いだお金がたくさん残っていたので、銀行の通帳には1億円以上の貯金があったようです。井内さんは、しきりにお金の無心に施設にやってくる家族や親せきに、お金を取られてしまうのではないと不信感を持ち、弁護士に後見人になってもらって、財産の管理を任せてしまいました。

井内さんが心を許していたのは亡くなった弟の娘、つまり姪御さんに当たる女性でした。年齢は井内さんの孫と同じくらいです。もちろん財産の相続権はありません。この女性は特に介護をするというのではなく、本当に井内さんと仲良く楽しそうに話をしている感じです。井内さんがお金を渡そうとしても決して受け取らず、施設で一緒に話をしたり買い物に付き合ったりしていました。

井内さんはもうすぐ111歳になろうとする初秋に不整脈の悪化で亡くなりました。亡くなる前に親せきの人達は財産分与について話し合い、財産の処分が決まりました。しかし亡くなる時、ベッドのそばにいたのは姪御さんだけでした。

井内さんは姪御さんに手を握ってもらい静かに永眠されました。従業員と一緒に死後の処置をし、葬儀屋さんの手配をしたのもこの女性でした。この世を去っていく時に、一人でもその人に涙を流してくれる人がいたら、それだけで充分幸せな人生なのかもしれません。

自宅で死にたい

田端さんは、中学校を卒業してからバスの運転手として働き続け、定年になってからはその実直さを認められ、有名な鉄道会社の会長の専属運転手となったほどの男性です。夫婦二人暮らしで一人娘は和歌山に嫁いでいます。

田端さんは、ここ数年大腸癌の治療や腎機能の悪化により、入退院を繰り返していました。もう治らないとわかってからは入院治療を拒否し、自宅で死にたい、と強く希望されました。しかし奥さんは家での看取りは困難とわかっていたので、主治医に病院で亡くなるまで入院するか、施設で看取りをしたいと訴えました。田端さん本人は、病院も施設もいらない、苦労して建てた思い出がいっぱいの自宅で死にたいと、頑として聞きません。中学卒でしたので家を建てるのも大変だったと思います。その家で最期を迎えたい、と望むのは当然の事かもしれません。

病院の主治医は夫婦の間に挟まり困り果てました。治療を拒否した患者さんを、いつまでも入院させる事はできません。主治医はこのままだと、田端さんの命はあと1か月も持たないだろうと説明し、本人の希望に沿って、自宅で看取りをするよう奥さんに伝えました。自宅で過ごす場合の注意事項を家族に説明した後、知り合いの服部が小規模多機能施設の管理者をしているので、自宅で看取りができるかどうか服部と相談してほしい、と奥さんに提案しました。

本人は自宅へ帰りたいの一点張りで病院の食事も拒否しました。奥さんは自宅へ連れて帰らざるを得なくなり、服部に今後どうやって介護したら良いか相談されました。服部は、

「自宅で最期を看取るのはとても大変です。でも1、2か月の事ですから、奥さんがしっかりしていればやれない事はありません。私達の施設には経験のある医師もいます。覚悟を決めて最期までお世話をしましょう」

と伝えました。

田端さんを自宅で看取るため、介護ベッドや介護用品、訪問介護、訪問看護、往診などの手はずを整え、自宅療養が始まりました。自宅療養の中心は奥様と『日向ぼっこ』のスタッフです。毎日おむつやシーツの交換、体の清拭などを行い、自宅療養はうまくいっていました。

田端さんは点滴を拒否していたため、水と乳酸菌飲料だけで、なんと2か月も持ちました。

奥さんは、

「服部さん、人間って水だけでこんなに持つものなんですねー」

が口癖になりました。服部も今まで水だけでこんなに長生きした人は初めてです。でも枯れていくように、田端さんは痛みもなく穏やかに最期を迎えられました。点滴や胃瘻などの医療的処置をしなければ、人間は枯れるように穏やかに亡くなっていきます。このような最期が本当はいいのでしょう。奥さんも十分介護をして思い残す事はない、と晴れやかです。終わり良ければすべて良し。

一緒に旅立つ夫婦

西山さんの奥さんは脳腫瘍が進行してきたため、最期はできるだけ自宅で暮らしたい、とタカシ先生に往診を依頼されました。奥さんは50代の女性でまだ若く、家族と一緒に残りの人生を過ごしたいという思いが強く、病院を退院して自宅で診てもらえる医師を探していました。ご主人は京都で建設会社を経営する社長です。家庭は裕福で自宅も豪邸です。50代になってもこの夫婦は仲が良く、仕事で疲れている時でも、ご主人は愚痴も言わず、奥様の介護をかいがいしく続けておられました。

タカシ先生と服部は、自宅で介護ができるように、介護用品や介護ベッド、お風呂の改造など、ご主人と相談し進めていきました。脳腫瘍は手術をして取り除いても、また成長し再手術になります。徐々に症状が悪化し、けいれんや頭痛が激しくなってきたため、抗けいれん薬やモルヒネの量も増えていきました。最期は食事もとれなくなり意識も低下し始めました。亡くなる日家族全員が奥さんの周りに集まり、

「今度生まれ変わってもまた同じように、この家族で一緒に暮らそうね」

と誓い合っていました。本当の幸せとはこのように人生最期の時に、愛する人達に囲まれて旅立って行く事なのでしょう。

奥さんの葬儀が終わってから、ご主人が体調を崩されました。家族は奥さんの介護と葬儀で疲れがたまったのだろうと思い、ご主人に少し休むように忠告しました。しかし体調が戻らず腹痛も訴えてきたので、タカシ先生はエコーや採血などを行いました。エコーでは膵臓に腫瘍を認め、血液検査でCA19—9という腫瘍マーカーも上昇していました。

タカシ先生は、膵臓癌の可能性がある事を本人に伝えたところ、ご主人は少し残念そうでしたが、それでも、

「先生、自分はもう十分生きました。会社も息子が継いでくれます。楽しく充実した人生でした。思い残す事はありません。愛する妻が向こうで待っています。ありがとうございました」

と頭を下げてタカシ先生にお礼を言われました。奥さんの葬儀が終わって3か月も経たないうちに、あとを追うようにご主人が静かに亡くなられました。

タカシ先生はうらやましそうに、

「西山さんうらやましいね。俺が死んでも誰も泣いてくれるような人はいないもんな」

服部も納得したようにウンウンとうなずいていました。

認知症の薬

誰でも物忘れがひどくなり、最近の出来事を思い出せなくなれば認知症ではないかと不安になります。漢字が書けなくなったり、名前が思い出せないような事は、年を取れば当たり前です。何度も同じ事を言ったり、繰り返したりしますが、それは誰にでも起こる事で、病気というほどではありません。

さすがに仕事や生活に支障が出るようになれば認知症の疑いが強くなります。ガス栓を閉め忘れたり、外出して家に帰ってこれなくなれば、家族は不安になり、認知症専門医や物忘れ外来を受診させる事になります。受診すれば、認知症のテストやＭＲＩで海馬の萎縮などをチェックされます。これらのテストに晴れて合格し認知症と診断されれば、認知症の薬が処方されます。これで認知症が治ると家族は安心します。

認知症の人は、物忘れがひどくなると不安になり、家族に何度も同じ事を訴えます。しかし他人を攻撃したり、暴力を振るうような事はめったにありません。特に女性は穏やかに認知症が進んでいきます。

認知症の薬はいってみれば、退化していく神経のお尻を叩き、興奮させ過敏にする薬です。

今までゆっくり認知症が進行し、トイレの場所を忘れたり、財布をどこに置いたかわからなくなって誰かに取られたとか、同じ事を何度も繰り返すなどの症状ですんでいたものが、認知症の薬を飲み出してから、興奮し暴れるなどの行動が出始め、家族は認知症が進んだと勘違いし再び受診します。そしてより強い認知症の薬が処方され、ますます暴力がエスカレートします。そうなってくると抗精神薬の登場となり、グループホームや特養に入所という介護の終着駅にたどり着きます。認知症の薬は若い人にはいいのですが、高齢者には不要です。認知症の患者さんを自宅で看るのは本当に大変です。しかし認知症になっても、周りの人が忍耐強く患者さんに接していれば、縁側で猫と一緒に、お茶を飲みながら日向ぼっこをしている風景に出会える日が必ずやってきます。

認めたくないかもしれませんが、認知症は治りません。薬で認知症を治すというのは、今の状況では信心に近い考えです。ゆっくり老いていく自分を楽しみましょう。

第2章

頑張れ、スタッフ達

本当は利用者さんに救われている

管理者やスタッフが介護の現場で困る事は、利用者さん自身の問題で悩んだり落ち込んだりする事ではありません。ほとんどは従業員同士のもめ事や、仕事に対する不満、家族の病気や介護などで人手不足になりシフトが組めない、などで頭を悩ます事がほとんどです。そして次にストレスになる事は、従業員や施設に対する家族のクレームです。手足にあざができているのは従業員に虐待されているのではないか、お金がなくなったのは誰かに取られたのではないか、熱があるのに受診させなかったとか、いくら利用者さんが心配だからと言っても、それは言いすぎではないかと思うようなクレームもあります。

家族は介護従事者に対して高飛車になったり、上から目線になったりする事がよくあります。このような時には、介護従事者のおかれている立場が弱く、低い事を痛感します。しかし介護従事者もいつまでも弱い立場に甘んじていないで、もっと自分を高め、技術を学び、さらに勉強して介護のおかれている環境を自ら高めなくてはなりません。スタッフの皆さん頑張ってください。

利用者さんは文句を言っても気心が知れており、あまり精神的な負担はありません。それに高齢者はすぐ忘れてしまうので、あとに尾を引きません。介護従事者は、利用者さんといる時はかえって心が休まる時さえあります。利用者さんと一緒にいる時はなぜか心が落ち着くのです。気を遣う同僚との関係、難しい事を要求する上司、神経質な家族の対応など、スタッフは毎日神経をすり減らしています。本当に不思議ですがそのような時、利用者さんの笑顔を見るとふっと疲れが取れます。

皆さんが思っているより、はるかに介護従事者はよく働き、お年寄りの事をよく考えています。皆親切で自分の親のように利用者さんに接しています。介護従事者は学歴も高くなく、地位や名誉もありません。でも利用者さんに対する優しさや献身さは、誰にも引けを取らないでしょう。

悩みは聞く方が疲れます

服部には従業員からの悩みや訴えが絶えません。いわば駆け込み寺なのです。朝の仕事が終わり空いた時間で、新しく立ち上げる在宅介護支援事業所の準備をしようとした時、いつものように堺が、

「服部さん、ちょっと聞いてほしい事があるんですけど」

と言って話しかけてきました。堺の話は給与の話か、いじめられたというような話ばかりです（堺はもう65歳を超えているヘルパーなのですが）。別に誰もいじめているのではなく注意

しているだけなのです。

「忙しいから簡単に言ってね」

またいつもの愚痴を聞かなければならないのか、と服部も食傷気味です。

「1週間前、上田さんと一緒に、利用者の東さんをお風呂に入れている時、上田さんが私をひどく責めるんです」

「ちょっと待って。今上田さんがホールにいるから呼んでくるわ」

「上田さん、堺さんがあなたにいじめられたって泣いているわよ。1週間前お風呂で何があったの」

「えー、いじめてなんかいないわよ。いつまでたっても、きちんと入浴介助できないから注意しただけなのよ。東さんの入浴は大変だから、いつも堺さんと二人で介助しているの。でも手順通りにしないから、やり直しになる事が多いのよ。時間がかかってしようがないの」

「ごめんなさい。私、看護師じゃないからうまくできないの」

堺が反論しようとすると、服部がその言葉にかちんときて、

「入浴介助ってヘルパーの仕事でしょう、皆うまくやっているわよ」

服部は少し怒り気味です。

「ごめんなさい、今度からきちんとやるから。でも上田さん、いつも私にきついから」

「そうね、私もちょっと強く言いすぎたかも。ごめんなさい。悪気はなかったの」

「はい、私もこれから注意します」

なんだかわからないけど、いつも言うだけ言って、こんな風に収まってしまいます。

一日の仕事が終わってから服部は堺に、

「大丈夫、落ち込んでいたけど元気になった?」

と尋ねると、

「あーら、服部さん、何の話ですか。私何も悩んでないですけど」

といつもの天然が戻っています。

「その程度の悩みなら、いちいち相談するな」

と服部は思わずつぶやいてしまいました。

その後松田が、

「服部さん。堺さんの事で少し話があるんですけど、いいですか」

と話しかけてきました。ちょっと疲れ気味の服部です。

「今日はもうおしまいよ。明日聞くね、松田くん」

「どうしたんですか服部さん。疲れているようですけど」

「テレビでよく、悩み事は人に話すと気持ちが軽くなるから相談できる人を持ちましょう、って言ってるけど相談される側は気持ちが重くなるよね」

服部が相談事が多く疲れていると思ったのか、

「そうですよね。少し自分で解決方法考えます」

と松田は答えました。

「松田君もやっと成長してきたかしら」

少し疲れが取れた服部です。

饅頭が消えた

大江は、月に1回和歌山の自宅に一人で里帰りします。里帰りといっても自宅に誰もいるわけではなく、亡くなった両親の位牌に手を合わせ、お墓の掃除をするだけなので1、2泊して奈良に帰ってきます。最近50歳代の女性と結婚したばかりなのになぜか一人で帰省します。まあ奥さんの事は今回関係ないのですが。

大江は帰省する時、いつも仏壇に供える上等な饅頭を奈良から買って帰ります。その饅頭はおいしい事で有名です。最近、お墓掃除が終わって帰ってきた時、お供えした饅頭が時々なくなっているのに気づきました。まさか怪奇現象って事はないとは思いましたが、不思議なので饅頭が消えてしまっている事を服部に電話で話しました。服部は面白そうな話なので、仏壇の前に隠しカメラを置いて解明してみたら、と冗談半分に大江に提案しました。

本気にした大江は、隠しカメラを仏壇の隅にわからないように設定し、奈良へ帰るふりをして、近くのビジネスホテルに泊まりました。やはり饅頭が減っているので、カメラの録画を巻き戻してみました。

饅頭を供えた日の夜、誰かが仏壇の前に現れました。

「うわー、亡くなった秋江おばあちゃんが出た」

大江は驚いて腰が抜けそうになりました。

「なんで亡くなったおばあちゃんが饅頭食べるの。きっとあの世でひもじい思いをしているに違いない」

しかし、そのおばあさんがカメラのほうに近づくと、亡くなった秋江おばあちゃんではなく、見覚えのある女性でした。

「あっ、隣の春さんじゃないか。そういえば春さんに合鍵渡していたなあ」

ビデオの中で春さんは、饅頭をおいしく食べたあと仏壇をきれいに掃除し、手を合わせて帰っていきました。

大江はこの事を服部に話し、腹が立ったので、春さんに文句を言いに行くと電話で話しました。しかし服部は、

「せっかく買った高い饅頭を食べてもらって、仏壇も掃除してくれるのだから、何も言わずにそのままにして置いたら」

と伝えました。

しかし高い饅頭を食べられた大江は納得せず、次の帰省の時から安い饅頭を買ってきてお供えしました。すると、饅頭は消えずにそのままお供えしてありました。

「あーあ、せっかくおいしく食べてもらって仏壇もきれいにしてくれているのに」

とつぶやく服部でした。

あなたの血圧じゃありません

今年も敬老の日がやってきました。いつもは食事やレクリエーション費用は利用者負担ですが、敬老の日やお正月は、費用を理事長が支払ってくれます。もちろんスタッフの費用も施設持ちです。敬老の日は例年なら、奈良公園で食事をしたり、喫茶店でコーヒーを飲んだりします。音楽やダンスのプロを呼び利用者さんに楽しんでもらう事もあります。しかしここ2年間は、新型コロナウイルスの流行により、外部の人を呼ぶ事はできなくなりました。

スタッフがいろいろな特技を持っているので、今年の敬老の日は、スタッフで演奏会や手品をやろうという事になりました。司会進行は上田と堺です。この二人は普段リーダーのような仕事はしないので、進行役を仰せつかっても、何をしたら良いかわからず、混乱と緊張のために、始まる前から疲れ果ててしまいました。堺は初めの挨拶を、終わりの挨拶と間違えて皆から大笑いを取ったり、クイズの当選者の名前を間違えたりして、利用者さんからブーイングです。

　上田も混乱し、司会進行も忘れて自分の話をし始めました。飼っている猫の体調が悪いだの、今日は緊張して血圧が高くてしんどいとか、若い時は美人で旦那さんがプロポーズしてきた、などと司会中に関係のない雑談を続けます。本人が言っているほど美人だったように見えないのですが。まあ人によって美人の基準が違うから、旦那さんにはきれいに見えたのでしょう、と服部は納得していました。

　大江はマジックが得意です。マジックのネタは簡単ですが、お年寄りを楽しませるには十分です。皆ヤンヤヤンヤの喝采です。普段は気が弱く人前で話をしたり、楽しませたりする事が苦手な大江ですが、マジックをする時はヒーローです。

　その日、上田は緊張しすぎたためか眠れず、翌朝出勤してきた時には、血圧が高くボーッとしていました。服部は上田の血圧が１７０近くあったのでタカシ先生に連絡し、対応を尋ねました。

「もう1錠降圧薬を服用させてみて。30分もしたら血圧も下がってくるから仕事をしてもいいよ」

　と指示されたので、追加の薬を飲ませ30分休ませた後、血圧が正常になったので仕事に戻るよう伝えました。上田は仕事に戻っても、利用者さんの横で楽しそうに世間話をしているだけです。

「上田さん、もうあなたの血圧正常になったから、しゃべってばかりいないで血圧でも測ってよ」

と注意しました。上田は、

「あっ、ごめんなさい。すぐ測るわ」

と言って、血圧計を取り出し、自分の血圧を測り出しました。

服部はイラっとして

「あなたの血圧じゃありません。利用者さんの血圧です」

「あっ、そうか。ごめんごめん、勘違いしちゃった」

「もう！」

トイレ争奪戦

人間も50歳を越えると、どうしてもいろいろな病気にかかります。施設の従業員も高齢化しており、寝込むほどではありませんが、生活習慣病をはじめ高齢者特有の病気に悩まされます。高血圧、糖尿病、高脂血症をはじめ更年期障害、前立腺肥大、不眠症、便秘等誰でも知っているような病気です。しかし放置すれば脳梗塞や心筋梗塞などの大きな病気になります。

男は前立腺肥大症、女は骨盤や膀胱の筋力低下のため、頻尿に悩ませられる事があります。

また心臓の病気で利尿剤を服用している人も多く、このような人も頻尿に悩ませられます。前立線肥大症は頻尿だけでなく、尿が出にくく排尿時間も長くなります。

小規模多機能施設『日向ぼっこ』には、利用者さん用のトイレが二つ、従業員用トイレが一つあります。従業員用トイレは、前立腺肥大症の男性陣が入れ替わり立ち替わり使用し、また排尿時間も長いので、ずっと使用中になっている事があります。服部は幸い頻尿の症状はないので、あまりトイレは使用しません。しかしトイレに行きたくなっても使用中の事も多く、我慢しなくてはならない時が多々あります。

ある日、堺がトイレに行こうとしましたが、いつものようにトイレが使用中になっています。ノックすると中畑がトイレの中で頑張っているようです。仕方がないので、堺は利用者さんのトイレを使おうとドアを開けました。利用者さんのトイレは介護用のトイレです。利用者と介助するスタッフが一緒に中に入っている事が多く、鍵を閉めずに使用している事もあります。堺がドアを開けると、大江がちょうど用を足している時でした。おそらく介護用トイレなので鍵をかけ忘れていたのでしょう。

「あーら、ごめんなさい。用を足す時は鍵をかけてね。でも大江さんのあれって思ったほど大きくないのね。新婚さんなのに役に立つのかしら」

「うるさい早くドアを閉めろ。セクハラで訴えるぞ」

「ごめんなさい。ホホホ」

服部はこの話を聞いて、理事長からのお詫びの文書を施設に掲示しました。

『従業員の皆様にはトイレが少なくご不便をかけております。もっと利用者が増えて、売り上げが上がればトイレを増やせるのですが……』

この文書を見た大江は、

「うーん、理事長そう出るか。服部さん、今度から理事長がこの施設に来る時は、好物の甘いコーヒーをたくさん出しましょう」

「どうして？」

「飲みものをたくさん飲めばトイレが近くなります。理事長がトイレに行きたくなったら、僕が先にトイレに入って、ずっとトイレ使用中にしますから。理事長もトイレの事、少しは考えてくれるかも」

「うーん、でも理事長ケチだから。トイレ作るぐらいなら飲みものを我慢するんじゃないの。それにずっとトイレに入っていると、大江さんが怠け者と思われるよ」

「やっぱり儲けなくちゃいけないのか」

コラム③ 小規模多機能居宅介護（小規模多機能）について

小規模多機能では訪問介護、デイサービス、ショートステイ（お泊り）などの介護サービスを提供しており介護報酬は定額制です。

登録できる定員は29名。一日に利用できるデイサービスは最大15名まで。ショートステイは最大9名までです。地域密着型施設のため市町村が管轄しています。介護度は要支援1、要支援2、要介護1、要介護2、要介護3、要介護4、要介護5の7段階にわかれています。小規模多機能では、最も軽い要支援1から最も重い要介護5まですべての方を対象に、週何回利用しても良い事になっています。しかし人手不足は深刻で、介護報酬は毎年減額され収入が減少しているため、多くの従業員を抱える事ができません。介護度の低い人の利用は控えめにせざるを得なくなります。

介護保険制度では人員配置基準や設備基準が細かく決められています。違反すると介護報酬を返還しなくてはなりません。小規模多機能では、デイサービスに利用者3名に対して介護スタッフを1名配置しなければならない（例えば利用者が7名なら、介護スタッフは6人目までに2人、7人目に一人、合計3人必要）という決まりがあります。また在宅の利用者のために訪問介護要員として1名を配置しなくてはなりません。その日のデイサービスの利用者が7名とすると、必要なスタッフはデイサービスに3名、訪問介護に1名が必要になります。その他管理者、ケアマネージャー、送迎要員、キッチン担当、お掃除担当など入れれば、スタッフのほうが利用者より人数が多くなります。ただでさえ利用者が少ない小規模多機能では、半数近くの施設が赤字になるのは当然かもしれません。

さらに経営を難しくしているのが、「ケアマネージャーとの綱引き」です。施設外のケアマネージャーは、小規模多機能のケアプランを作成する事ができない仕組みになっており、自分が担当している利用者を小規模多機能に紹介すると、その利用者は小規模多機能のケアマネージャーの担当になります。すると一般のケアマネージャーはお客さんをなくす事になるので、自分の在宅利用者を手放す事に抵抗し、小規模多機能に紹介しなくなります。これは利用者にとってもマイナスではないかと思うので、仕組みを改善してほしいと思っています。

勝手に死なすな

ある日、施設に通っている新田さんの家族から電話があり、母がずっと寝たままで動かない、と連絡がありました。服部はタカシ先生と安否確認のため、新田さんの自宅に出かけました。

新田さんは90歳の女性で、服部の施設で訪問介護とショートステイを利用しています。旦那さんも近くの特別養護老人ホームでショートステイと訪問介護を利用しています。普段は夫婦二人で暮らしており、お互いに訪問介護とショートステイを交互に受けながら、何とか在宅で暮らしています。時々新田さんの娘さんが両親の自宅を訪れ世話をしています。今日は奥さんが自宅にいる順番です。

自宅に着くと、新田さんがベッドに横になって寝ています。見ると呼吸をしていないようです。

「タカシ先生、どうしよう。呼吸していないみたいよ」

「うん、家族に連絡して葬儀の準備をしなくちゃね」

「でも念のためバイタルとってみるわ」

と服部が脈をとろうと腕を触った時、突然新田さんが目をギョロッと開けたので服部はびっくりし、

「キャーッ、生きてる！」

と思わず叫んでしまいました。

「勝手に死なすな。わしは生きとる。疲れたから寝ていただけじゃ」

と何事もなかったように起き出しました。

「だって新田さん、息をしていなかったもの」

「あほー、息をしていなかったら死んどるわ」

相変わらず、いつものおじさんのように口の悪い新田さんです。

本当に死んでいると思ったけれど、そのような時にも医療従事者は先入観を捨て、きちんと診察して判断しなくてはいけないと、あらためて気づいた二人でした。

学ぶ一番の方法は人に教える事

上田は、人はとても良いが要領が少し悪い准看護師です。幼い時、高いところから転落し頭を打ったせいで要領が悪い、と自分で言っていますが、本当かどうかわかりません。

看護師の世界にもヒエラルキーがあって、大学卒の看護師、専門学校卒の看護師、准看護師と3段階にわかれています。看護師は国の資格、准看護師は都道府県の資格です。准看護師は医師や看護師の指示のもとに働く事になっています。しかし名称に違いがあっても、看護師も准看護師も仕事の内容はほとんど変わりません。看護師や准看護師もヒエラルキー的には、介護職の上位に位置します。

上田は准看護師ですが、要領が悪いため皆からいじめられる事もあり、時々部屋の片隅で泣いています。そのたび服部は上田を慰め、励ましてきました。しかし持ち前の勉強嫌いや物覚えの悪さも手伝って、准看護師としての成長はほとんどありませんでした。

『日向ぼっこ』では、利用者さんが増えるにつれ、スタッフの人数も増えていきました。堺や中西、松田なども新しく入ってきた介護士です。施設では介護度の高い利用者さんの世話もするため、それなりの介護技術が必要です。堺や中西は年の割に介護の経験は少ないため、服部が教育係として指導していました。

そのうち、忙しくなった服部は教える時間がなくなり、代わりに上田を教育係に指名しました。上田は二人に教える事で心境に変化が現れ、自分が准看護師として全く成長していない事に気づき、これではいけないと少しずつ勉強を始めました。

医療の世界でも先輩の医師が新人の医師に対して、患者さんは自分の教師、患者さんから学べ、と教える医師もいます。やはり一番良い勉強方法は患者さんから学び、そして人に教える事です。

しかしもともと勉強嫌いの上田ですから、そう簡単にうまくいくはずがありません。首をかしげるような事を言って、中西や堺を混乱させる事もよくあります。

「服部さん、時々上田さんと仕事をしていると、何をしたらいいのかわからない時があります」

「そうね、そのような時は私に言ってね、私から注意しておくわ」

「この前も東さんのオムツを替えようとした時、太っていてオムツの替え方が難しいので教えてください、と言ったのに、上田さんったら東さんと世間話を始めて、オムツの交換忘れてしまったんです。それでお尻が便でただれてしまってあとで大変だったんですよ」

「大丈夫。最近あなた達に教える事で少しずつ心境が変わってきているから。そのうちいいリーダーになるわ。長い目で見てあげてね」

と言ったものの、施設の畑で泥だらけになりながら、野菜を作っている上田を見て、

「うーん、あれぐらいの気合で介護の仕事をすれば、すぐレベルアップするのに」と少し残念そうな服部です。

ウンチ事件

「えー、どうしたらいいの」

とまだ施設で働き始めてから間もない中西が、トイレで立ちすくんでいます。

「中西さん、どうしたの」

服部が呆然としている中西に声をかけました。

「ウンチがすごいんです」

服部が見るとトイレにウンチが詰まり、排水があふれ出しています。ウンチの量が半端でなく、中西にとっては見た事もない量でした。

「またー、東さんのウンチは毎回すごいのよ。早くウンチを流し出して、水を拭いてちょうだい」

「あ、はい」

と言って、トイレットペーパーで拭こうとしましたが、拭き切れず、

「トイレットペーパーじゃなくて新聞紙で拭いて。古いバスタオルとそれからゴミ袋も用意して」

施設の従業員総出で、何とかトイレの掃除が終わりました。古参の中畑が、

「このバスタオルどうしましょう、まだ洗濯したら使えますよね」

「何を言ってるの、トイレ掃除に使ったバスタオルなんか使えないわ。捨てて」

しかし節約家の中畑はバスタオルをきれいに洗い、そのバスタオルを服部に差し出しました。

「あ、ありがとう中畑さん」

いくらきれいに洗濯しても、トイレ掃除に使ったバスタオルを使う事はできません。困った服部は、捨てる前に、そのバスタオルをいったん従業員の休憩室に置いて、帰りに捨てようとしました。帰宅時、バスタオルを取りに行った時なくなっている事に気づきました。

当直勤務の松田が、

「服部さん、このバスタオル、いい匂いがしていいですよねー」

当直の松田はウンチ事件の事を知らず出勤していました。シャワーを浴びてから夜勤をしようと、そのバスタオルで気持ち良さそうに体を拭いています。

「ほんとにいい匂いですよね。このバスタオル」

「…」

強すぎる旦那様

お昼休みに、上田と堺が一緒に食事をしている時、最近入職したヘルパーの川本が休憩室に入ってきました。少し顔色が悪かったので、

「どうしたの、川本さん。顔色悪いわよ」

と上田が尋ねると、

「私、毎晩旦那に襲われるの。昼間ヘルパーしてくたくたになっているのに、家に帰ったら旦那が毎晩迫ってくるのよ」

川本さんは40代半ばのそんなに美人とはいえないヘルパーさんです。

「えー、うらやましい。私なんかもう何年もセックスしてないわよ」

「結婚してから、毎晩セックスしているから子供も次々できて6人もいるの。一番下の子なんか保育園行き始めたところよ」

「へー、旦那さんて強いのね。仕事は何をしているの」

「陸上自衛隊に勤めているの」

「それじゃ、強いはずね。偉いさんなの」

「ウーン、なんか陸曹とか言っていたけど、難しくてよくわからないわ。中間管理職じゃない

の」

「でもさすがに毎日はきついわね」

「旦那はセックスしたあと、疲れてグーグー寝ているのよ。でも私はそれから子供の世話をしたり、食事のあと片づけや家事がいっぱいあるの」

「旦那に手伝ってもらったら」

「駄目よ、うちの旦那家事全くできないの」

「フーン。ああそうそう、旦那さんって頭禿げているの」

「うん、髪の毛薄くなってかなり気にしているわ」

「この前テレビで育毛剤使ったら、髪の毛増えたけど性欲が落ちた、と言っていたわよ。一度育毛剤買って使ってみたら」

それから1か月ほどして、川本さんは少し元気になってきました。

「どうしたの、最近元気になってきたわね」

「うん、この前、育毛剤買って旦那に渡したの。そしたら髪の毛が少し生えてきたってずいぶん喜んでいたわ。おまけに夜襲われなくなったの。一石二鳥ね」

「でもセックスしなくなって、皮膚が少し荒れてきたんじゃない」

「そうね、セックスってお肌に大事なのよね。人生ってうまくいかないわ」

うわー、おいしい

准看護士の上田は、仕事をするとソコソコですが、野菜作りでは右に出るものはいません。施設には畳3畳ほどの野菜畑があります。上田は自宅で農園を借りて野菜作りをしていましたが、畑の賃貸料がかかるためあきらめ、お金のかからない施設の畑に目をつけ、ここで本格的に野菜作りを始めました。猫の額のような畑ですがきゅうり、なすび、しそ、ピーマン、トマト……（認知症の検査をしているのではありません）、こんな狭いところに、よくこれだけの野菜を作る事ができるなあ、とビックリするほどうまく作ります。夏になると、大きく育った野菜を利用者さんが一緒に収穫します。朝取っても夕方にはまた収穫できます。

収穫した野菜があまりにおいしいので、利用者さんは、貧しく何もなかった若い頃、自宅の庭で作った野菜を食べて空腹を満たした事を思い出し、懐かしさで目がウルウルです。服部は、上田にもっと野菜作りの腕を上げてもらおうと、スイカやブドウにも挑戦するように伝えました。それを聞いて上田は、野菜作りの腕を認めてもらったと大いに気を良くし、野菜作りの本を買って読み始めました。

それを見た堺が、

「あーら、上田さんが珍しく本を読んでいる。介護の本も読んだ事もないのに」

「何を言ってんのよ、堺さんだって地図だって読めないくせに。このまえ島根県って北海道にあるのって聞いていたじゃない」

「上田さんだって、アメリカの首都はロサンゼルスって言ってたわよ」

「じゃあ、アメリカの首都はどこよ」

「ロンドンに決まってるじゃないの」

延々と意味のわからない会話が続いていきます。

二人の話に利用者さん達が必死に笑いを抑えていました。

ごめんなさい、旦那が浮気して

ヘルパーの中川が顔を腫らして出勤してきました。服部はただならぬ様子に何があったのか尋ねました。

「中川さん、いったいどうしたの。何かあったの」

「服部さん」と言うなり中川は涙が止まらなくなり、ハンカチで顔を覆って泣き崩れてしまいました。奥の部屋に中川を連れていき、落ち着いてから話を聞いてみると、

「昨日の夜、食事のあと片づけをしていたら、誰かがマンションに訪ねてきたの」

「フーン。それで」

「旦那がソファーで寝ながらテレビを見ていたので、誰が来たのか見てきて、と頼んだのに、そんな事男の仕事じゃないって言って動かないのよ。腹が立ったけど仕方がないから、私が玄関に行ってドア越しにどなたですか、と尋ねたら女の人が立っていて、『会わせてください』と繰り返すだけでそれ以上何も言わないの」

「何それ、気持ち悪いわね。どんな人が訪ねてきたの」

「40歳くらいで髪の毛ボサボサだったわ。小太りでとても美人とは思えなかったわ」

「それで家に入れたの」

「ドアを開けたらその女、突然入ってきて大声で旦那を呼ぶの。旦那が何事かと出てきたら女の顔を見てすぐ隠れてしまったわ。私旦那を引っ張り出し、女の前でどういう事か説明させようとしたの。そしたら突然女が旦那を引っぱたいたの」

このシーンよくあるシーンだよね、と服部は思いましたが、

「へえー。浮気相手が家にやってきたの」

「そうよ。うちの旦那、ベッドの中でその女に、私とは別れるからもう少し待ってくれ、と言ったらしいの。でもいつまでたっても別れないから、しびれを切らして私の家に怒鳴り込んできたの。私の前で旦那に別れ話をさせようと思ったらしいわ」

「えー、ひどい話ね。それでどうなったの」

「旦那が、その女になぜここに来たんだと怒っていたわ。女がそれを聞いて逆上して包丁を旦

那に投げつけたの」

「旦那さん、大丈夫だったの」

「包丁に刺されて死ねば良かったのよ。でも外れて畳の上に刺さったの。もう少しで子供に当たるところだったのよ。私腹が立って、その女と旦那を玄関から追い出したの」

「それで二人はどうなったの」

「マンションの2階の窓から、旦那の荷物を捨ててやったわ。しばらく旦那がドアを開けろ、と叫んでいたけどマンションの人が皆見ていたので、女と二人で荷物を車に乗せてどこかへ行ってしまったわ。服部さん、ごめんなさい。私子供を連れてこのまま島根の実家に帰ろうと思うの。子供は今お隣さんに預けているの。このままお別れになるけど迷惑かけてごめんなさい」

すごい展開に服部はどうなるのだろうと、ハラハラしましたが、

「わかったわ。勤務の事は私が何とかするわ。向こうで落ち着いたら連絡してね。そうそう絶対その二人から慰謝料取るのよ」

「ありがとう。取れるだけ取ってやるわ。短い間だったけど服部さんの事は忘れないわ」

そのまま中川は子供を連れて島根に帰ってしまいました。今泥沼の裁判をしているようです。

服部は仕事一筋なので、ひょっとして自分の旦那も浮気しているかもと少し心配になりました。

髪の毛が増えている

ある日服部は、往診に来たタカシ先生の頭頂部を見た時、髪の毛が増えている事に気がつきました。

「先生、最近髪の毛が増えているけど何か良い増毛法あったの」

と尋ねました。するとタカシ先生は、

「実はこれ、かつらなんだ」

とかつらを取るようなしぐさをしました。あまりに取るしぐさがうまいので、服部は本当にかつらをかぶっていると勘違いしそうです。

「まあ、かつらってウソだけど。なんか本当に髪の毛が増えてきたんだ」

「何か変わった増毛法始めたんですか」

「うん、クリニックに通院している患者さんから、ある注射を打つと元気になって、感染症にかからなくなったと聞いたんだ。信じられないけど髪の毛も増えてきたらしいんだ。それとヨウ素を含んだうがい薬でうがいをすると、風邪をひきにくいって話も聞いたんだ。それで先月からその注射とうがいを両方やってるんだ」

「その注射やうがい薬って、髪の毛と何か関係あるんですか」

「うがい薬に入っているヨウ素は海藻にも含まれているんだ」

「へえー。昔から海藻が髪の毛に良いって言いますもんね」

「そうなんだ。その注射も髪の毛にいいって言うし。それで髪の毛ふさふさになったのかも」

「風邪もひきにくいし、髪の毛も増えるなんて最高ですね。先生、髪の毛ふさふさになったら、女の子いっぱい寄ってきますよ」

「そりゃあ、いいよね。それじゃ髪の毛だけでなく下半身も元気になる方法を考えないと」

「先生っていつもそこに落ち着くのね」

「へへへ」

それでもこの仕事が好き

梅田青年は30歳になる介護福祉士です。彼は母親の借金と、奥さんの借金のダブルパンチを受けながら懸命に働いています。二人とも生活が苦しく、サラ金からお金を借りていたようです。そのため梅田青年は他の法人が経営するグループホームで常勤として働きながら、借金を返済するために『日向ぼっこ』で夜勤専門として働いています。

服部をお母さんと呼び、なんでも相談しています。彼は夜勤のあと、疲れた様子で服部に話し出しました。

「服部さん、俺、来月子供ができるんです」

「そう、おめでとう。でもなんかうれしそうじゃないね」

「嫁に聞いたら、俺がぐでんぐでんに酔っぱらってセックスをした時にできた子、って言うんですよ」

「そんな状態で子供作れるの」

「そうですよね。でも俺こんな事詳しくわからないので、教えてほしいんですけど。念のため最終月経はいつか聞いたら、去年の11月らしいんです。妊娠日と出産日は合っているんですかね」

「何言ってるの、最終月経が去年の11月なら出産予定日は8月か9月よ。今11月じゃないの。もうとっくに出産しているはずよ。奥さんにもう一度ちゃんと聞いたら」

　梅田青年が次の夜勤のあと、

「この前の事言ったら、嫁が最終月経は2月で、その頃俺が酔っぱらってセックスした時の子供じゃないのって、めちゃ怒るんです」

「それじゃ合っているじゃない。去年の11月というのは、あなたの聞き間違いだったのね」

「でも服部さん、嫁は忘れていると思うけど2月か3月頃、俺腰痛がひどくてセックスしていないはずなんだけど」

「……これ以上は軽々しく話す事じゃないわ。生まれて大きくなれば誰の子かわかるわ。でもあなた達は夫婦だから、誰の子供であっても法律的にはあなたの子供よ。扶養義務はあなたにあるのよ」

「わかっています。夜中考え続けたんですけど、俺嫁の事大好きだから、誰の子供であっても、俺の子供として大事に育てるって決心しました」

「あなたって本当にいい人よね。でもあなた働きすぎよ。体大丈夫？」

「僕この仕事が大好きだから、いくら働いても大丈夫です。この仕事以外何もできないし。利用者さんにありがとうって言ってもらうと、がぜんやる気が出るんですよ。借金返したらもっと楽しくゆっくり働きます。絶対辞めませんから」

「梅田君ってナイスガイね」

そう思った服部ですが、この後梅田青年の家庭がどうなるのかと思うと少し不安です。

貧者の一灯

小規模多機能施設『日向ぼっこ』には、月2回障害者施設の利用者さんが、自分達で作ったパンを売りに来られます。服部やタカシ先生は、いつもそのパンを買ってくれるので、障害者の人にはいいお得意様です。彼らが作ったパンは、町のパン屋さんと比較しても遜色ありません。無償で販売スペースや駐車場を施設が貸し出しているため、余計な出費はかかりません。

朝から一日パンを作って売っても給与はほんのわずかです。それでも障害者の人達は、給与がもらえるだけでありがたいと感謝しています。ヘルパーさん達に、彼らと同じように低い給料でありがたく働け、と言いたいのではありません。

一部のヘルパーさんは、自分達が貧しく、生活を維持するので精いっぱいと言って、そのパンを買っていこうとしません。障害者の人が作ったパンを、自分達が一生懸命働いたお金で買ってあげよう、という気持ちがあればヘルパーさん達は貧しさから抜け出す事ができるかもしれません。

仏典によれば、昔乞食が必死に物乞いをして得た油をお釈迦様に差し出し、お釈迦様はその油を貧者の一灯と言われました。金持ちが余ったお金で行う布施も価値があるが、貧しい人が一生懸命働いて得たもので、布施を行う事はもっと価値があると言われました。小さな種が大樹となるように、小さな心がけがやがて大樹となり、たくさんの人を幸せにするのです。

ヘルパーさんが一生懸命働いて得たお金で、障害者の人達が作ったパンを買う、買ったパンを自分の子供に朝食として出せば子供も喜ぶでしょう。誰も損をする人はいません。お金が必要なところにちゃんと回っているのです。

服部やタカシ先生がパンを買う時に思っている事は、きっとこんな事だと思います。

さあ、今日も始まります！

「キャー、頭に何か落ちてきた！」

浴室で掃除をしていた上田が、突然頭を抱えて叫んでいます。

「なんで足浴のバケツが落ちてくるの」

棚の上に置いてあった少し重い足浴のバケツが、上田の頭部を直撃しタラーと鼻血が落ちています。そばにいた堺が、

「ごめんなさい。タオルを取ろうとして落としてしまったの」

堺は、バケツの下に置いてあったタオルを、バケツを支えずそのまま抜き取ろうとしたため、バケツが上田の頭部に落ちてきたらしいのです。

「あんた、何考えているのよ。バケツを持ってからでないと落ちてくるのは当たり前じゃないの」

「いつもはうまく取れるのよ」

「いつもはって、いい加減にしてよ。あなたってほんとにバカなんだから」

ブツブツ言いながら浴室から出てきた上田に中西が、

「上田さん、鼻血が出てるよ」

「ヒエー、脳出血かも」

それを聞いていた堺は
「大丈夫、上田さんに脳はないから」

「こいつー」

『日向ぼっこ』では、毎日こんな感じで介護は進んでいきます。

第3章

倒れてつかんだ経営学

介護の給料は安い？

ヘルパーの給料は安い、と思っている人が大半だろうと思います。

多くの人は、日本は実力主義と思っているかもしれませんが、歴然とした学歴社会です。ヘルパーは中学卒あるいは高校卒の人が大半です。別に学歴差別をしているのではありません。現実を言っているのです。介護福祉士の資格を持った人もいますが、国家資格の中では最も取得しやすい資格です。

そのような人達が、難しい入学試験を受けた大学卒の人達と同じような給与がほしい、と言ってもそれは無理です。給与というのはしんどい仕事だから高くなるのではありません。その仕事が高い技術を要求している仕事であるとか、難しい国家資格を持っている、あるいは高い学歴を持っている、というような事で決まります。ヘルパー2級のおばさん達が高い給与を求めて転職しても、どこへ行っても給与は変わりません。転職するたびに給与は下がっていくでしょう。

しかし人手不足が深刻化しているため（新型コロナウイルスのため飲食や旅行・アパレルなどの業界が倒産・閉鎖に追い込まれ、介護業界の人手不足は逆に改善されてきましたが）、厚労省は介護従事者の給与を、いろいろな処遇改善加算で底上げを図ってきました。就職情報誌を見てもらえばわかると思いますが、ヘルパーの時給は以前より格段に上がっています。普通の仕事より高くなっているかもしれません。しかし給与が高くなっても、介護職の能力や社会の評価は以前と変わっていません。給与が上がっても、介護職の能力があまり向上していないからです。

仕事に貴賤はありません。介護職はエッセンシャルワーカーです。絶対に必要な仕事なのです。他に仕事がないから介護業界に来た、などとつまらない事を言っていないで、自分の仕事に誇りを持ち地道に学び、技術を向上させれば社会的にも認められ給与も自然に上がっていきます。ヘルパーさん、頼みますよ。

大江の退職騒動

「服部さん、もう俺こんな施設辞める」

「どうしたの大江さん、またいつもの辞めるコール？」

大江は60歳近くなり、世間のおじさん達と同じように、切れやすく短気になっています。もともと人が良く、気を遣いすぎてよく落ち込んでいました。最近は動脈硬化のためか切れやすく、追いつめられるとすぐ辞めるコールを言い出すようになりました。60歳近くなっているので、正社員で雇ってくれる施設がない事を知っているため、すぐ辞めるコールを取り消し、そんな事言っていない、ととぼけます。しかし今回は松田と喧嘩して本気で言っているらしい。

「わかったわ。あなた今までも何回も理事長に辞めると言っているから、理事長も今回は辞表を受け取ると思うよ。辞表を受け取ったら1か月後に本当に退職になるよ」

「いいよ、もうこんなところで働きたくない」

「それじゃ、明日理事長にあなたの退職届を出しておくわ」

退職届は受理され、1か月後辞める事が決まりました。その日以来大江は全く元気がなくなり、憔悴し切って事務室に閉じこもったまま出てこなくなりました。

大江は50歳台半ばの女性と結婚したばかりで、その女性を養わなければならない事や、アパートに住んでいながら外車をローンで購入したため、お金に余裕がなく四苦八苦していました。

「あなた、大見え切って辞めるといったけど、これからどうやって生きていくつもり？」

「申し訳ないけど、大江が退職を取り消してもう一度働きたがっていると、理事長に伝えてくれないかな」

「いまさら何を言っているのよ。でもそう伝えておくから、ちゃんと理事長に謝ってよ」

大江は何とか服部に頼み込んで理事長に会う約束を取りつけました。

「大江君、いったい今回の退職騒ぎはどうなっているんだ」

「理事長、私は辞めたいなんて一言も言っていません。忙しいので服部さんにもう一人ケアマネを雇ってくれないかなあ、と頼んだのです。それを服部さんが誤解して、私が辞めると勘違いした事が原因です」

服部は、大江が嘘つきと知っていましたが、理事長の前で平気で嘘をつき、恥をかかされたため怒り心頭でした。しかし大江のために自分が勘違いした事にして、彼を何とか辞めずに続けられるようにその場を収めました。

理事室から出た時大江は何事もなかったように、

「良かった。誤解が解けて」

服部はそれを聞いて

「くっそー、こいつふざけんなよ。お前絶対辞めさせてやる」

と心の中で煮えくり返っている服部でした。

履歴詐称事件

日本中、新型コロナウイルスで不況が続いているにもかかわらず、介護施設では相変わらず人手不足が続いています。倒産や廃業している企業もたくさんあるのに、介護業界へは求職者の応募はほとんどありません。

ある日ハローワークを通して、20代女性から『日向ぼっこ』でパートの仕事をしたい、と応募がありました。大江や松田は若い女性が面接に来るというので、朝からそわそわして待っていました。実際面接をすると、結構美人で履歴書も問題なさそうです。大江は管理者の服部に相談なく、すぐ採用を決めてしまい、翌月から働く事になりました。服部はその日、近隣のリハビリ病院に利用者さんを紹介してもらうため、挨拶回りに出かけていました。そのため面接を男二人に任せていました。あとでこの事を後悔する事になります。

実際に働いてみると、その女性は仕事中にもかかわらず、うとうと居眠りをしています。何度注意しても態度は変わりません。利用者さんとゲームをしている時、簡単な足し算や引き算ができない事がわかり、服部は、女性が高校を卒業したにもかかわらず、足し算ができない事を不審に思い、履歴書を見直してみると、卒業した高校の名前の漢字が間違っていました。女性にこの高校を本当に卒業したのか尋ねたところ、中学卒であった事が判明し、その中学校もほとんど通っていなかったようです。昼は『日向ぼっこ』で働き、夜はスナックでも働いているため、昼間眠くて仕方がないようです。この女性のおかれた状況は察しできますが、このような人を雇う事は、利用者さんにとっても施設にとっても非常にリスクが高くなります。高齢者は転倒や誤嚥の危険性が高く、介護施設は昼寝をしながら勤まるようなところではありません。服部は、

「女手一つで子供を育てている厳しい状況は理解できます。でも、ここはあなたが働くような

ところではありません」

と説得し辞めてもらいました。

きれいな女性が加わった事で、鼻の下を延ばしていた大江と松田は、女性が辞めてしまった事が残念で仕方がない様子でした。自分の彼女でもないのに何を考えているんでしょうね。本当に頼りない。

私、管理者になります

ある日、若い女性が突然『日向ぼっこ』にやってきて、

「来月から、この施設で管理者をする事になった北浦です」

と言って入ってきました。服部は何の事かわからず、

「あなた一体、何を言っているの。この施設の管理者は私よ。どういう事？」

「理事長先生から、今後は君がこの施設の管理者にどうかなあ、って言われました」

服部は見ず知らずの女性が、突然施設に現れ、わけのわからない事を言い出したので、真偽を確認するため理事長に電話をしました。

「理事長、今北浦と名乗る女性がこちらに来て、来月から管理者になると言っていますけど。またいつもの軽い乗りで、女の子をたぶらかしているんですか」

「たぶらかすなんて言い方ひどいんじゃないの。まじめにちゃんと働いたら、そういう立場につけるよ、と言っただけだ」

「北浦さんが、管理者が難しいのなら秘書はどうだって理事長から言われた、と言っていますけど。理事長の魂胆見え見えですね」

「何を言っているんだ。私は、北浦さんが『日向ぼっこ』のために一生懸命働く、と言っているから将来そのような事もあると言っただけだ」

「ハイハイ、いつもの悪い癖が出たんですね。私は絶対認めませんから」

「わかったよ、君がそういうなら、今回の事はなかった事にしよう。申し訳ないけどあと始末よろしく」

「はーっ。いい加減にしてください。私は知りませんから」

服部は北浦に、

「今回の事は理事長が勝手に決めただけです。理事会でも認められないと思うのであきらめてください」

と伝えると、北浦は理事長に会いに行くと怒って出ていきました。その後どのような展開になったのかわかりません。きっと壮絶なバトルになっているでしょう。それから北浦さんは二度と服部の前に現れませんでした。

いったい二人の間でどのような結末になったのでしょうか。

仁義なき戦い

新型コロナウイルスの流行以来、小規模デイサービスの経営が悪化しています。感染を避けるため、利用者が利用を控えている事と、感染予防のため従業員に負担がかかり、出費もかさんでいるためです。

他のデイサービス事業所で営業担当している男性が、『日向ぼっこ』にパートの仕事をさせてほしい、と面接に来た事があります。聞けば利用者が減って、残業ができなくなり、自宅のローンが重くのしかかり、生活が苦しくなっているらしいのです。

服部は人手不足の事もあり、男性に今の仕事を続けてもらいながら『日向ぼっこ』でも働けるようなシフトを組み、パートでの採用を決めました。その男性は当初まじめに働いていましたが、そのうち就業中に、自分のデイサービスに携帯で連絡を取るようになりました。服部は気分が悪いので、

「ここで働いている間は、他所に電話をする事はやめてください」

と注意しました。その後もその男性は隠れて連絡しているようでした。

いつも『日向ぼっこ』を利用している前川さんが、最近ちょくちょくデイサービスを休むようになり、ある日を境に全く利用しなくなりました。上田が朝出勤してきた時、その男性が務

めているデイサービスの送迎車に、前川さんが乗っているのを見た、と言ってきました。服部はそんな事はさすがにないだろうと聞き流しましたが、屋外でその男性が電話をしている姿が、防犯カメラに写っているのが見えました。いつもは防犯カメラの音声はオフで、映像のみになっています。この防犯カメラは録音機能もあり高性能です。服部は録音機能をオンにし、音量を上げました。

「次は…を引き抜いたら、ここを辞めて次のデイを探す…。お金は現金で手渡ししてほしい…」

というような話が、途切れ途切れ聞こえてきます。

服部は怒り心頭でしたが、何もなかったようにふるまい、その男性に、

「知り合いの介護福祉士さんが経営しているデイで、利用者さんが引き抜かれたって昨日電話で話していたわ。ひどいわねえ、私なら絶対訴えてやるわ」

「えー、そんな悪い事をする施設もあるんですね。ひどいですね」

と言ったきり、翌日から出勤しなくなりました。

「私って本当に人を見る目がないわ」

落ち込む服部です。でも人って雇ってみないと性格わかりませんよね。

悩みの相談室

介護職員は定年になっても働き続ける人が多く、『日向ぼっこ』でも60代の従業員はたくさんいます。

そのような年齢になっても人間の苦悩や煩悩は絶える事はありません。家族や従業員、仕事や病気などで身心を病む人は絶えず、服部は管理者の仕事だけでも大変なのに、従業員や利用者さんの悩みの相談室まで引き受けています。

服部の一日の様子を眺めてみると、朝は早くから施設に出勤してきます。家族が早朝勤務のため介護できない利用者さんを朝早くから預かり、朝食を用意しています。またお泊まりしている利用者さんもいるので、その人達のために、トイレや洗面など朝の処置をして、朝食を食べさせなければなりません。

高齢の従業員は朝早く目が覚め、家にいてもする事がないので、施設で朝食を食べる人もいます。その従業員達にもコーヒーを淹れるのが、服部の仕事のようです。そんな事管理者がしなくてもいいと思うのですが。本人は当たり前のようにやっています。燃え尽きなければいいのですが。

従業員が全員出勤し介護施設の一日が始まります。お昼休憩はゆっくりしたいところですが、これからが従業員のお悩み相談室になります。

「服部さん、上田さんがひどい言葉で私をいじめるんです」

堺が、普段仲の良い上田と口論して泣きついてきました。聞けば特にたいした問題でもないのですが本人達は真剣です。二人の言い分を聞いて、何とかその場を収めます。まあ当人達は言えばスッキリという感じで、言ってしまえばその事を忘れてしまいます。

中西が、よくうたた寝をしているので注意すると、

「眠りが浅くてしんどくて。つい居眠りしてしまうんです。ごめんなさい。夜2時間おきに目が覚めて眠りが浅くって」

「60歳にもなったら、眠りが浅いのは当然よ。理事長もすぐ目が覚めてしまうって言っているわ。大江君だって前立腺肥大症になってから、夜は2、3時間おきに目が覚めてトイレに行くらしいよ。昼間眠くならないようないい睡眠薬があるみたいだから、タカシ先生に相談したら
……」


「服部さん、うちの子供が登校拒否で学校へ行きたがらなくて……」

「服部さん、主人が浮気をしているかも……」

「服部さん、……」

とこんな相談が次々襲ってきます。しかし服部は疲れていても相談相手が元気になっていくのを見ると、うれしくて話を聞くのを断り切れないようです。

毎日ろくに昼食も取らず午後の仕事が始まります。服部がゆっくり休憩を取っている姿を見るのはほとんどないようです。

あなたは誰のために働いているの?

服部の知人が経営する小規模多機能施設では、職員の半分以上が退職するという異常事態に陥った事があります。小規模な施設ではありましたが、さすがに職員の半分以上が同時に辞めてしまうのは危機的状況です。その経営者は、もはや閉鎖するしかないと観念したようです。万事窮す、というのはこのような状態を言うのでしょうか。

この施設では、准看護師の女性が管理者をしていました。よく働きしっかりしていたので、准看護師ではありましたが、施設の運営をほとんどこの女性に任せていたようです。

管理者は、自分の出身病院から仲の良い同僚達を連れてきて、施設内の事をこの同僚達と相談し決めていました。一方このグループに属さない、もともと働いていた職員ははじき出され、彼女らの要求はほとんど聞き入れられなかったようです。そのためこのグループに属する職員は、ある女性をリーダーとして反体制派を作ってしまいました。この二つのグループはお互いに会話をする事もなく、陰険な雰囲気が漂っていました。経営者はこの事に気づいていましたが、介護業界の人手不足は深刻な時期で（今も深刻ですが）配置転換をしたり、辞めさせたりするような手段はとれなかったようです。特に介護業界の人材（人手ではありません。施設を任せられるような人材です）不足は深刻で、管理者やリーダーになるような人はほとんどいません。経営者は他の施設の経営や資金の調達、利用者からのクレーム等に忙殺されており、小規模多機能施設のもめごとまで、手が回らない状況でもありました。

取れる手段は限られていました。経営者は、管理者の要求に従い、対立グループのリーダーを何とか説得し他の施設に移しました。これで問題は収まるだろうと思ったようです。しかし対立は収まらず、管理者は自分がリーダーの移動を経営者に頼んだにもかかわらず、対立するグループからリーダーを移動させた事を非難されたため、「経営者が誰にも相談せず勝手に移動を決めた」と対立グループに説明したようです。この管理者は、裏では経営者の悪口を皆に振りまいていたため、さすがに堪忍袋の緒が切れた経営者は、管理者に注意をしました。するとこの管理者は多くの利用者がいるにもかかわらず、仲間を引き連れて集団退職したのです。

利用者さんの中には、自宅で介護できないため、施設に泊まり込んでいる人も数人いました。この人達をこのまま施設で預かる事は困難なため、他の施設に移さなければなりません。受け入れもなかなか進まず、残った従業員は夜勤の連続で倒れそうになる職員もいたようです。

この施設に慣れ親しみ、スタッフとも仲の良かった利用者さんが、他の施設に移っていく時、残った職員は皆涙でこの利用者さん達を送り出したようです。いつも最後は弱い人達が犠牲になるのです。

この話を聞いた服部は『日向ぼっこ』の職員達に、

「この管理者が、残されたスタッフや転所しなければならなかった利用者さんと、もし再会する事があれば、どんな理由があっても誰も許さないだろうと思うわ。私達は誰のために働いているか、働く目的は何なのか、いつも考えなくてはいけないよね。でもそのような状態から立ち直れたのは、その施設にとって大きな収穫ね。私達も何が起きても立ち向かえる強い施設にならないと」

介護って本当に3K?

3Kというのは、きつい・汚い・危険の頭文字です。マスコミなどではこの言葉を、介護業界の現状を説明する時によく使います。

服部が管理する小規模多機能施設では、確かにトイレ介助など行われていますが、マスクや手袋を使い感染症に気を使って介助しています。でもよく考えてください。トイレに行かない人はありません。誰も年を取ったら尿も便も自分で処理できなくなります。誰かの手を借りないと生きていけないのです。そのような仕事は汚いのではなく尊いのです。自分が年を取って

3Kといわれている施設に入所して、大事に扱ってもらえるでしょうか。きっとそうはいかないでしょう。

製薬会社のMR（医薬情報担当者）は一見華やかに見えます。しかし病院の医局の前で、医師と話をするまでずっと立ち続けています。ようやく話ができても1分も話す事ができません。多くの女性MRは1年もしないうちに辞めてしまいます。華やかに見えても厳しい世界です。スーパーのレジ係は、数時間立ちっぱなしで、ひたすらバーコードをスキャンしています。本当に単純作業です。

それに比べて介護は、もちろん下の世話もありますが、家事あり、レクリエーションあり、身体介助あり、泣き笑いあり、感謝あり、もちろん研修も充実しています。決して退屈するような仕事ではありません。その気になればどんどん成長し、知識も増え経験豊かな介護士になれます。

3Kなどと卑屈になっていないで、エッセンシャルワーカーとして誇りを持って働きましょう。自分のためにも利用者さんのためにも。

「ありがとう」の魔法

会話をしているとよく「すみません」と言う人がいます。言われた相手は「すみません」と言われても何も責めているわけではない事が多く、聞いていてもあまりいい気持ちがしません。言っている本人は、丁重に話しているつもりなのでしょうけど。

介護でも看護でも、「ありがとう」と言われて気分を害する人はいません。サービスを提供した人が一番うれしいのは、お金をもらう事でも贈り物をもらう事でもなく、「ありがとうございました。おかげで元気になりました」とか、「ありがとう、あなたのおかげでここへ来るのが楽しみです」などと言われる事です。その一言で私達は、疲れていても一日元気で働けます。

利用者の皆さん、ヘルパーさんも人間です。家へ帰れば家事や親の世話をしなくてはなりません。いつも笑顔で、シャキシャキ仕事をする事はできないのです。ぎりぎりの体力で介護をしている人も少なくありません。生活するのにやっとの給料という人もたくさんいます。利用者の皆さんも、ヘルパーさんの仕事ぶりに愚痴を言ったり、文句も言いたくなるかもしれません。でもそこをぐっと抑えてヘルパーさんに一言言ってみてください。

「今日はよく働いてくれてありがとう。あなたのおかげで今日一日気持ち良く過ごせるわ」

その一言で、明日からヘルパーさんは今まで以上にあなたに優しくしてくれるでしょう。こうなれば万々歳なのですけれど。でもなかなか関西のおばあちゃん達は厳しい。おじいちゃん達も負けていません。若いヘルパーに媚びを売るようなお年寄りはなかなかいません。「ふざけんじゃないよ。俺達は長い苦しい戦争を経験してきたんだ。食べ物もない時代を生き抜いてきたんだ。若いヘルパーにありがとうなんか言えるか」

という声が聞こえてきそうです。ごもっともです。でもそこをぐっと抑えて、「ありがとう」と言ってみてください。かわいい孫よりずっと優しくしてくれますよ。

最低賃金

服部の知り合いが経営するデイサービスの事です。その知り合いから服部に電話がかかってきて、少し怒った様子で話し出しました。

洗濯した後、洗濯物を決まったところに片づけないヘルパーがいたようです。何度注意しても、決まった棚に洗濯物を片づけようとしません。経営者がなぜ片づけないのか尋ねたところ、

「私この施設で、最低賃金で働いているので、片づけまでできません」

と驚くような返事が返ってきました。このヘルパーは、経験も少なく60歳前半の女性です。

経営者はかちんときて、

「お前ふざけてんのか、まともに仕事ができないなら辞めろ」

と思わず言ってしまいました。

この女性はすぐ労働基準監督署にパワハラを受けたと訴え、経営者は労働基準監督署から手痛いお仕置きを受け、発言を撤回させられました。しかし労働基準監督署が何と言っても、このような働き方は他の従業員の負担を大きくします。そのため誰もこの女性と話をしなくなり、結局その職場を辞めざるを得なくなったのです。

今年も最低賃金が上がりました。おそらく小さな会社では最低賃金が上がると、経営が圧迫される会社も多いと思います。経営者も大変です。この女性の働き方は、誰が見ても納得できるものではありません。貧しい人は、給料が安いから貧しいのではなく、考え方や生き方が貧しいのです。この女性がこのような考え方をしていれば、一生浮き上がる事はできないでしょう。

「それで賃金は上げたの」

と服部が尋ねると、

「頭にきたから全員50円アップしたよ。収入はコロナ禍で下がっているのに。嫁さんに『50円もアップして、明日からうちの生活どうするのよ』って、こっぴどく言われたよ。俺今月から小遣い1万円に減らされたんだ」

「経営者のお小遣い月に1万円ってあり?」

「朝から晩まで、何のためにに働いているのかわからなくなったよ」
「……」

介護に向く人、向かない人

介護業界は慢性的な人手不足に悩んできました。最近は介護従事者処遇改善加算や労働条件の改善、新型コロナウイルスによる経営悪化を比較的受けにくい職種という事で離職者が減り、逆に新型コロナウイルスにより、飲食やアパレル関連からの転職者が増加した事などから、以前ほどの人手不足はなくなってきました。

転職者が増加したとはいえ、介護に適した人はそんなにいません。何人も求職者と面談してきましたが、面談の時にこのような人はたぶん続かないだろう、と思う人がいて大体次のような人です。

1．履歴書の内容がいい加減で、転職を繰り返している人。本人は経験が豊富と思っているかもしれませんが、このような人はすぐ辞めるため、面倒な事務手続きや他のスタッフの手を煩わせるだけで終わる事が多い。

2. 面接時、私はなんでもできるという人。このような人は性格が明るく、施設にとってもありがたい人のように思えます。実際雇ってみるとこれは無理、それは私の仕事ではない、と言い始める人がいます。ではどのような人なら逆に安心かというと面接時に静かで、できるかどうかやってみないとわかりません、と話すような人は結構使えます。

3. 精神科の薬や安定剤、睡眠薬を多用している人。このような人は就業中に集中力がなく、ボーッとしている事が多い。差別的な事を言っているのではありません。高齢者施設は誤嚥や転倒が起こりやすい職場です。集中力が低下したりウトウトすると、とっさに対応できず大きな事故になりかねません。

それでも次のような人はぜひ採用したい人です。あまり多くを語らない。なんでもできるなど大言壮語な事は言わない。転職が少なく一つの仕事を長く続けたような人。時給や有給休暇などにこだわらない人（これは私の願望かもしれませんが）。言えばきりがありません。

そしてこれが一番かもしれません。自分は運が良い、自分は何かに守られていると思っている人。もしこのような人を雇う事ができればあっという間に会社は発展成長するでしょうけど。

ここで武田信玄の言葉、意味深いですよね。

人は城、人は石垣、人は堀、情けは味方、仇は敵。

専業主婦でも働いてほしい人

人手不足が深刻な時、猫の手も借りたくなります。昔の人はうまくいうなあと感心しますが、本当に猫の手も借りたくなります。そのような時に限って施設に合わない人を採用してしまいます。特に経済的に困っていないがお小遣いがほしい、程度の気持ちで働こうとしている人は、介護施設で働く事は難しいでしょう。そのような人は専業主婦や、大企業を退職し時間が余っているようなおじさんに多い、まあ当然ですけど。

若い時、数年会社で働いてすぐ家庭に入ったような女性は、少ししんどい仕事をするとすぐ腰が痛い、朝は家族の食事を作らなくてはならないから、就業時間を遅らせてくれ、親の介護がどうの、子供が熱を出したからと、いろいろな理由をつけて休みます。そのような事は就職する前からわかっているはずなのですが。

会社でも介護施設でも、採用する時は即戦力になる人を雇いたいものです。施設に合わない人や欠勤の多い人を採用すると、一度決めたシフトを訂正したり、他の従業員に代わりに出勤してもらったりで、従業員や管理者に相当の負担をかけます。キャリアもなくお小遣いほしさの人に、きれいで楽な事務仕事は、今のご時世ではほとんどないといって良いでしょう。

『日向ぼっこ』でもこんな人がいました。介護福祉士の資格を持っていて、少し働いて旦那の給与の足しにしたい、と言って入職した女性がいました。若くてきれいな女性なので、担当者が気に入りすぐ就職が決まりました。しかし働かせると、この女性は利用者さんの世話もせず、従業員と話ばかりしています。裏に回れば、気に食わない従業員の悪口を言っています。他の従業員がたまりかね注意すると、後日スマホに録音した話の内容を皆に聞かせ、パワハラを受けたと上司に訴えてきました。注意した従業員は傷つき退職してしまいました。さすがに上司も放置できず、女性に注意すると、今度は女性の旦那が施設に乗り込んできました。本当にどうしようもない夫婦ですね。困り果てた上司は、こういう事をうまく収める知り合いと相談し、アドバイスを受け、何とか辞めてもらったようです。やれやれ。

一方で専業主婦でもこんな人もいます。旦那さんが新しい事業を起こしましたが事業がなかなか順調に進まず、借入金の返済が大変なため、生活費の糧にしようとキッチンに応募してきた女性がいました。この女性は働いた経験がないにもかかわらず、利用者さんの食事をおいしく短時間で作り、食材が余らないように無駄遣いしないようにと気を遣っています。時間が余れば利用者さんに得意なピアノ演奏をして楽しませてくれます。このような人は時給を上げても常勤として使いたい人ですが、家庭の事情もあり常勤で働く事は難しいようです。うまくいきませんね。

隣の芝生

同じような仕事が続くと、どうしても飽きが来て他の職種や施設がよく見えます。そのような時、偶然他の施設の知り合いと出会い、その知り合いの施設は楽で給料が高いなどと吹聴されると、ついそちらに目が移り転職したくなります。本当に転職してしまう人もいます。転職が悪いとか給与につられて転職するのはどうなの、とかいうつもりは全くありません。自分のキャリアを積むための転職ならあえて非難する事はないでしょう。

しかし介護ですから、どこへ行っても仕事の内容や賃金は変わりません。社会福祉法人の施設といっても、土地の有効利用を考えている農家、不動産会社の社長、建設業の経営者などのいわゆる素人が運営している施設も多くあります。そのような施設では転職しても介護技術を磨いたり、キャリアを向上させたりする事は困難です。『日向ぼっこ』は医療法人が経営しており、経営者は医師ですので一応しっかりしています。

しかしそれでも転職者は絶えません。これは経営側だけの問題ではなく、介護スタッフの質も関係しています。学歴が高いわけでもなく、ＩＴ業界のように特別な技術を持っているわけでもありません。どちらかというと働くところがなく、仕方がないので介護現場に入ってきた、という人のほうが多いのです。このような人が転職しても、待遇は向上せず同じような底辺生活が続きます。

経営者もバカではありません。彼らが求めている人は、利用者さんに優しくそして介護を学び、技術を磨き、やがてスタッフを引っ張ってくれる人です。賃金の良いところや楽なところを求め転職するような人に、いい条件を提示するような経営者はいません。このような人を入れれば、やがて経営者自らの首を絞める事になるからです。

『石の上にも3年』という諺がありますが妙を得ています。本当にその仕事がわかり面白くなるのには3年はかかります。もっと高い技術を求められている職場なら3年ではすまないでしょう。隣の芝生ばかり見ていないで、自分の資質を向上させるほうが待遇を良くする近道です。

退屈でしんどいかもしれません。しかし今日も明日も明後日も、うまずたゆまず努力すれば、いつの間にか高いところにいる自分に気づくでしょう。

冤罪

密室状態の介護施設では、何が起こるかわかりません。普通の人はそんなはずはないだろう、と思われるような犯罪に近い事も起こります。虐待をしたり、気に食わない人を汚い手を使って、陥れたりする人がいるのです。

『日向ぼっこ』に大杉という男性が、当直のバイトに応募してきました。30歳を少し過ぎたおとなしく、目立たない男性です。当直するスタッフが少ない事がいつも悩みの種だったため、服部はその場で採用を決めました。

最初の当直の日、大杉は施設の状況を確認しようと、1時間ほど早く出勤してきました。服部は施設の説明をしたあと、時間が余ったのでコーヒーを飲みながら二人で雑談を始めました。

「あなた、まだ若いのに正社員にもならず、どうして当直ばかりしているの」

大杉は、うつむいて小さな声で話し出しました。

「以前勤めていた有料老人ホームで、施設の管理者とスタッフからすごいいじめを受けたんです。ある時、濡れ衣を着せられた事があって……」

大杉は、そこまで言って胸が詰まり声が出なくなりました。少し落ち着いてから、

「その事があってから、人と一緒に仕事ができなくなったんです。夜勤専門なら誰とも話さず一人で働けるので、夜勤ばかりやっているんです」

そして大杉がくやしそうに語った内容は、大体次のような事です。

大杉がその施設で夜勤をしている時、認知症の利用者さんがベッドから転倒して顔から出血していました。すぐ施設の嘱託医に電話をかけましたが、その日嘱託医はインフルエンザにか

かり、高熱を出して寝込んでいたようです。そのため嘱託医は、利用者さんの出血がひどくないなら、タオルのようなもので止血して明日まで待つか、管理者に連絡して対応するように伝えてきました。

どうしたらいいのかわからなかったため、大杉は管理者に連絡して状況を説明し、管理者が施設に到着してから、タオルで顔を押さえ止血しました。嘱託医は朝には熱が下がったため、施設に出かけてみると出血はおさまっていたので、感染しないように処置をして事なきを得ました。

しかし管理者は、大杉が利用者さんを裏の小屋に連れ出し、利用者さんを殴って出血転倒させた、と経営者に報告しました。たしかに離れの小屋には血の跡がありました。しかし利用者さんは認知症で移動は車椅子です。このような人を真夜中に連れ出すのは簡単にできる事ではありません。しかも血は裏の小屋にのみついており、小屋と利用者さんの部屋の間には血痕はなかったようです。経営者は大杉に事の顛末をたずねました。大杉は、部屋に入ったら利用者さんがベッドの下に倒れており、額から出血して床に血がついていた。外の小屋に連れ出した事はない、と明確に否定しました。

大杉は冤罪をかけられ、いたたまれず退職してしまったようです。大杉が後に経営者から聞いた話によると、経営者は管理者の説明に納得がいかなかったため、他の従業員から聞き取りをしました。その従業員の話では、管理者が大杉を排除するため嘘の報告を経営者にしたようです。そして自慢そうに、「やっと大杉を追い出した」と吹聴していたらしいのです。経営者はその話を他の職員からも聞き出し、管理者を解雇しました。

おそらくこの管理者は、普段から煮え切らない性格の大杉に手を焼いており、何とか辞めさせようと、経営者に嘘の報告をしたものと思われます。小屋についた血痕は管理者が自分で利用者さんの血を塗りつけたのでしょう。経営者はこのような人間を管理者にした事を深く後悔していたようです。

服部はこの話を聞いて、腹が立つというより情けない。これが介護の現実か。せめて『日向ぼっこ』だけでも、スタッフが協力して楽しく働け、利用者さんも人生の最期を穏やかに過ごせる施設にしたいものだと心に銘じました。

心を病むスタッフ

『日向ぼっこ』の関連施設には、双極性障害を持つ従業員がいます。双極性障害というのはうつ病と躁病の両方の疾患を持っている人をいいます。近くの精神科に通院していますが、タカシ先生は内科で専門外のため、この従業員が体調を悪くした時、どのように対応したら良いかわからず苦慮します。

精神科に通っている人が入職する時は、精神科医の診断書を必ず提出してもらい、就業可能か判断します。就業が困難と判断される時は、本人には申し訳ありませんが採用を断っています。就業可能と判断されても、その時可能であって悪化した時どうなるかは予測できません。

この従業員も疾患が悪化した時は、スタッフもタカシ先生も対応できず、利用者さんも不安や恐怖のため、この従業員に寄りつかなくなります。この従業員は双極性障害ですので調子が良い時は明るく、少し明るすぎてこちらが後ずさりするぐらいです。その明るさも決して健康的な明るさではなく、やはり少し病的な明るさです。またストレスに弱いため調子が悪い時はうつ病になり、落ち込みがひどくなる時もあります。躁病になったりうつ病になったりします。

このような人は、少し気に食わない事があると周りを巻き込み大騒ぎします。最初は病気のためなのだから、とスタッフも気を遣い優しく対応していました。病気には波があるため一度収まっても数か月するとまた同じような事が起こります。なぜか夏と冬、年2回やってきます。何度もこのような事が起こると、さすがにスタッフも我慢できず、優しくできなくなります。同僚は耐えられず、激しい言葉で注意する者も出てきます。そのたびに、この従業員は逆切れし自分の荷物を片づけ、

「もうこんな施設は辞めてやる」

と大声を出して仕事を投げ出し、自宅に帰ってしまいます。自宅に帰って気持ちが収まって

くると、何事もなかったかのように、もう一度働かしてくれ、と丁重に謝ってきます。そのような状況を繰り返していましたが、回数が重なるとさすがに経営者も耐えられず、

「今度やったら二度と許さない。仕事を投げ出して帰ったら解雇する」

と告げました。本人も今度同じ事をしたらもう雇ってくれとは言わない、皆さんに迷惑をかけるだけなので、自分から退職すると約束しました。

経営者の予想通り、再び夏に悪化しました。いつものように仕事を投げ出し、スタッフの悪口を言うだけ言って、帰ってしまいました。しかし今度も電話をかけてきて許しを請うてきましたが、今度は許してもらえないと思ったのか、母親まで登場して復帰させてほしい、と泣きついてきました。さすがに経営者も今回は耐え切れず、もう使えないと本人と母親に告げました。仕事を放棄するため、他のスタッフに多大の迷惑をかけてしまうからです。もちろんこの従業員のような人ばかりではなく、病気がきちんとコントロールされ、問題なく他のスタッフと同じように働いている人もいます。

本人も病気でつらいかもしれません。しかし発症した時施設側は何もできず、スタッフに迷惑をかけ、利用者さんに恐怖心を与えるような従業員は、退職してもらうのもやむを得ないかと思います。

一応年齢制限が……

『日向ぼっこ』では経費を抑えるため、クリニックの事務員に『日向ぼっこ』の事務員を兼務して働いてもらっていました。さすがに利用者や従業員が増えてくると、『日向ぼっこ』の事務がこなせなくなり、新規の事務員を募集する事になりました。ハローワークに求人募集をかけ、施設の入り口にも求人募集のチラシを張って応募を待ちました。

1人目の求人は、施設の張り紙を見てやってきた80歳の男性です。

「事務員を募集しとるやろ。わしが事務をやってやるから、何をしたら良いか言ってみろ」

と言ってずけずけと施設に入ってきました。服部は、気分を害しながらも丁寧に応対しました。

「あのー、一応年齢制限があるんですけど」

「わしは今まで近くの会社で事務をやってきたんだ。パソコンはできないがソロバンは1級の腕があるから心配はない」

と何か自信満々です。

「ソロバン使って事務をしている会社って、今頃ないと思いますけど。でもなぜ80歳にもなって働こうと思ったのですか」

「わし、ゴルフと旅行が好きなんや。でも年金では足りなくてゴルフも旅行もできないんだ。わしが働いてやるからこれからは心配しなくて良い。何をしてほしいか言ってみろ」

となぜか上から目線です。

「ごめんなさい。私達が求めている人とは少し違っているようですので。申し訳ありませんが、今回はお引き取りください」

と丁寧にお断りしました。

「俺を雇わないと後で後悔するぞ」

と言って帰っていきました。服部は使ったほうが後悔するよ、と言いたい心境です。


二人目はハローワークから施設で働きたい人がいるので面接してほしい、と連絡があった人です。服部はどんな人が来るのかわからないので、先に履歴書を郵送してほしい、書類選考してから面接をしたい、とハローワークに告げ電話を切りました。電話を切った2、3時間後ピンポーンとチャイムが鳴りました。玄関に70歳半ばの女性が立っています。堺が、

「新規の利用者さんかしら、服部さん、だれか外で待っていますよ」

「そう、じゃあ入ってもらって」

入ってきた女性は、

「ハローワークからの紹介で来ました。履歴書も持ってきました」

「あのー、履歴書郵送してほしいとお願いしたんですけど」

「でもそちらも早く人手がほしいと思うので、ハローワークからそのまま来ました」

もう来てしまったものは仕方がないので、服部はそのまま面接しました。70歳を超えていましたが、事務の経験はあるのか聞いてみました。

「介護事務の経験はありませんけど、教えていただければ大丈夫と思います。ワードやエクセルはできませんけど教えてくれるのですよね。年を取っても物覚えはいいほうです。ソロバンや電卓なら完璧です」

「うーん、また昭和の遺物がやってきた。70歳のおばさんに給料払って教える暇はないよ」と心の中でつぶやく服部です。この方にも丁重に断り帰ってもらいました。堺が、

「本当にいい人来ないですよね」

とつぶやいたので、

「あなたが言うのは10年早いよね」

と思わず言ってしまった服部です。

本当に社会の底辺なのか？

介護職は社会の底辺と思われています。残念ながら介護に携わっている人も自分の事を社会の底辺と思っています。あきらめているのではなく、それでいいと思っているのです。これでは底辺から抜け出す事はできません。

日本人は大人になると全く勉強しません。特に中小企業に勤めている人で勉強する人は皆無です。「社長さん、従業員で勉強している人はいますか」と尋ねたら「ほとんどいない」と答えるでしょう。社長自身も勉強しているかと尋ねられたら、ハイとは答えられないでしょう。

介護というのは面白いもので、良い介護をしようとすればするほど、いくらでも勉強できます。そしてその結果が利用者さんの感謝や、「ありがとう、あなたのおかげでここへ来るのが楽しくなった」とすぐ結果に現れます。また介護の勉強はやり始めるととても楽しいものです。介護技術の習得、介護保険の理解、病気も利用者さんから学べます、レクリエーションやクイズなどもバカにできません。やれば結構頭を使います。

介護福祉士、リーダー、ケアマネージャー、管理者などいくらでも成長できます。給与も徐々に上がっていくでしょう。施設の管理者にでもなれば誰も底辺とはいわないでしょう。

私は出世したくない、別に給与が上がらなくてもいい、という人もいます。でもそのような人に限って介護の勉強はしません。ここは給与が低い、仕事がきつい、あのヘルパーは気に食わない、など文句や愚痴が多いものです。果ては扶養の範囲内とか交通費がどうのとか、10分残業したけどついてないとか、本当に気の滅入るような事を平気で言い、経営者は気分を害しイラつきます。

仕事に貴賤はありません。介護の仕事はとても重要な仕事です。介護従事者は人生の最後をともに歩む人達です。自分の人生の最期を、素晴らしいスタッフに囲まれて終わるのはなんと素敵な事でしょうか。

そのために介護従事者は自分を高めましょう。成長しようと、自分を高め努力している人に向かって見下す人はいません。介護が素晴らしい仕事であると皆に思われるように。

コーヒーブレイク　震災から3か月目の南三陸町

私は、2011年3月11日に東日本大震災が起こった直後、日本医師会の災害医療チーム（J―MAT）として南三陸町の支援に行き、3か月後に再び現地を訪れました。

再び行こうと思ったのは、一回だけの医療支援で終わるのではなく、継続的に東北と関わるにはどうしたら良いか、現地へ行って確かめたかったからです。また現地の復旧がどの程度進んでいるか見たい気持ちもありました。

そこでJ—MATのメンバー三人、現地の方、南三陸町の避難所になっている歌津中学校の校長先生達と連絡を取りあいながら、私達ができる事を考えました。

中学校の職員室や教室にはまだインターネットがつながっておらず非常に不自由を感じているとの事でした。そこで、中学校の図書室にパソコン2台、Ｗｉｆｉ Ｎｅｔ、プリンター、ｉ—ｐｈｏｎｅ等を寄贈し、歌津中学校と奈良市の中学校の交流をインターネットで行おう、という事になりました。

6月10日に、皆でパソコンやプリンターを夜行バスにつめ込み出発し、歌津中学校の図書室に設定し先生達と今後の交流の方法を、食事をしながら楽しく語り合ってきました。ユニフォームもない野球部員達に、「図書室でインターネットができるよ」と伝えると「野球の練習が終わったらすぐ使いに行く」と皆がうれしそうに言ってくれたので、役に立ててよかったと胸をなでおろしました。

震災から3か月目の歌津は、海から離れた場所の道路は整地され電柱が立ち、がれきは区画ごとに集められていました。しかし市街地の大部分は3か月たってもほとんど状況は変わっていない感じでした。避難所の水道は復旧していましたが、塩水が混じり汚れていて、飲用水にはできないとの事でした。おしゃれな仮設住宅が建っていましたが、半分程度しか入居していませんでした。

被災者で避難所暮らしをしているにもかかわらず、校長先生や生徒達が、私達に食事の用意をしてくれたり、気遣ってコーヒーやお茶を出してくれたりと、本当に恐縮しました。このようなすばらしい人達がいる限り、東北はきっと立ち直れると思い帰路についた記憶があります。当時の奈良市長のお母さまが、東北支援を熱心にしておられ、私達も協力して、空き家を被災者の家族に無償で貸したり物資の宅配をしていました。しかし、そのうち徐々に震災の記憶が薄れ、日常の忙しさに埋没し支援から遠ざかってしまっている自分に気づきました。本当なら継続した支援こそ大事なのでしょうけど。今皆さんはどうしているでしょうか。

資本主義は厳しい制度

小規模の会社や個人事業所などは、10年生存率10%と言われています。20年にもなると5%を切るようです。起業した100社のうち、10年後に生き残っている会社はわずか10社にしかすぎません。介護業界はアパレルや飲食などと比べて倒産や廃業は少ないようです。それでも経営は厳しいです。

小さな会社でも社長となれば皆持ち上げてくれます。しかし現実は違っています。小さな会社では人材や資金が乏しいため、社長はなんでもやらなければならない事が多いものです。ある時は社長、ある時は営業マン、ある時は経理。さらに掃除担当まで自分でしなくてはならない時があります。これは冗談抜きです。テレビで華やかに活躍しているＩＴ会社の社長も、慢心し、いつの間にか倒産して話題にも上らなくなります。

ではどんな社長が生き残るのでしょうか。一生懸命努力精進する社長、サラリーマンではないのでこんなの当たり前の事です。頭が良い社長なら生き残れると思われるかもしれませんが、生き残れる社長と頭の良さは関係ないようです。

社長ともなれば食事をしている時も、トイレに行っている時も、寝ている時でさえも、仕事の事を考え続けないと、生き残る事はできません。しかしそれでも倒産する社長はいます。

生き残る社長はどんな人かと言うと、それは運の強い人です。どんな逆境でも自分は運が強いと信じる事ができる人は、苦しい時でも何となく事態が好転し、いつの間にかうまくいっている事が多いものです。そしてこのような人は、自分は何か大きなものに守られていると感じています。会社というのは、そこで働く多くの人がいて、その家族がいて、関連会社があるというように、多くの人が会社とつながり生活が成り立っています。その多くの人の思いが会社を動かし存続させているのです。決して一人の社長が会社を支えているのではありません。社長は謙虚に、精進しなければなりません。

責任のない人は気楽でいいね

どのような事業でも、赤字になるような事業を継続する事は許されません。従業員の生活を守るためとか、お客様のために赤字でも廃業する事はできない。そのような言い訳をする経営者もいますが、それは間違いです。事業をするならきちんと利益を生み出し、従業員の給与を出し、取引先に支払いをし、そしてお客様に喜んでいただく、これが本来の会社のあり方です。赤字が続けば、多くの人に多大の迷惑をかけるだけでなく、経営者やその家族も路頭に迷う事になります。

「うちの社長は誰にでも優しく、給料もいいので働きやすい」

こんな事を社員が言っている会社は、長くは続きません。経営者となれば、たとえ中小企業の社長であっても、皆に恐れられ尊敬されるような一面を持たなければなりません。このような社長でないと、厳しい競争社会の中で生き残る事はできないのです。事業を自分でやればわかると思いますが、会社を継続させるという事は本当に難しいのです。

介護施設の経営でも同じ事がいえます。理想論をいっているのではありません。赤字を出さないためには、新規の利用者さんを獲得する営業努力が極めて大切です。高齢者はすぐ病気になり入院したり、亡くなったりします。介護度が上がれば、デイサービスを主体にしているような施設で利用を続ける事は困難です。特別養護老人ホームのような大きな施設に転所を余儀なくされます。小さな施設では、にぎわっているように見えても、感染症が流行したり、厳しい天候が続くだけでも、あっという間に利用者は減ってしまいます。

『日向ぼっこ』でも利用者が減って、経営が厳しくなった事が何度もあります。赤字が続けば他の関連施設の利益を回さなければなりません。理事長の口調も厳しくなります。そのため服部は、新規の利用者さんを獲得するため神経を使い、多大の努力をする事になります。

スタッフは経営についてほとんど考えません。特に介護スタッフは仕事がきつくなれば、給与が高く楽なところにすぐ転職します。しかしコロナ禍によってどの施設も経営が苦しくなり、給与の高いところはそう簡単には見つかりません。どの業種も苦しい経営を強いられており、介護も例外ではありません。多くの小規模デイサービスは廃業に追い込まれています。スタッフも経営について考えずにはいられなくなっているのです。

ある日、上田が利用申し込みに来た人に住所を尋ねたところ、管轄地域でなかったため、利用できないと簡単に断ってしまいました。小規模多機能施設は、奈良市が各地域別に1か所指定しています。それが管轄という意味ですが、奈良市の住民であれば管轄地域外でも誰でも利用できます。上田は介護保険制度について何も知らないので、制度を誤解し簡単に断ってしまいました。従業員にとっては、利用者が少ないほうが楽なので断る理由はなんでもいいのです。

上田が、

「服部さん、今日利用したいっていう人が来たけど、管轄外だから断ったよ」

と自慢げに言ったので、必死に利用者獲得に走り回っていた服部は、さすがにかちんときて、

「管轄外ってどういう意味かわかっているの。あなたの給与はどこから出てると思ってるの。あなたは准看護師だから、ヘルパーさんの給与よりずっと高いのよ。私がこんなに走り回って

利用者さんを探しているのに。ここの仕事が嫌なら辞めていいのよ」

さすがに服部のすごい剣幕に押されて、上田は自分のした事が経営者の耳に入ったら、こっぴどく叱られると思ったのか、

「ごめんなさい、私の勘違いで利用者さんを断ってしまって。でもこの施設の事を考えて断ったの」

「自分の事を考えての間違いでしょう」と思わず口に出しそうになる服部でした。

責任のない人は気楽でいいですよね。

女、酒、博打

経営者は、会社の経営が良くなり儲かってくると油断が生まれます。本業でない分野に手を出したり、景気を読み誤って過大投資をしたりして倒産する事もよくあります。このような過ちは社長が会社を発展させたい、と思って始めた事ですから、ある意味わからないわけではなく、運が悪かったともいえます。

しかし女、酒、博打などに手を出し会社をつぶした、となると誰も同情する人はいません。特に中小企業の社長は、会社が儲かってくると気が大きくなり、金持ちである事を自慢したくなります。金遣いも荒くなります。最初は株や投資に興味が向かいます。そのうち、儲かって

いる経営者の仲間入りをするためゴルフを始め、仕事を部下や家族に任せて、会社の経営に身が入らなくなります。そのような事はまだ序の口で、十分まじめな元の社長に戻る事はできます。

アルコール中毒になったり、競馬や競輪、パチンコに一日中没頭するようになると、さすがに会社の存続は困難です。そのような時でも、奥さんや家族は見捨てないものです。病院に通ったり精神科に通ったりして、何とか元の旦那さんに戻そうと一生懸命になる奥さんもいます。

しかし女に手を出した時は状況が異なります。社長は金回りが良くなると、バーやスナックに出入りしたくなります。夜の女に手を出してもまだ許されます。もし会社の従業員や素人さんに手を出せば、誰からも相手をしてもらえなくなります。

儲かってくると社長は若い美人を秘書にしたくなります。意図は見え見えですが。秘書や若い女性に手を出したりすれば、会社の女性全員を敵に回す事になります。誰も社長の命令を真剣に聞くものはいなくなります。会社は確実に傾いていきます。手を出した女性は会社にいられなくなり退職します。最後の味方である奥さんも離れれば、社長は完全に孤独になります。

社長さん！　女には絶対に手を出してはいけません。でも昔から『英雄色を好む』といいます。女を作るくらいの男でないと、10年生存率10％という中小企業の厳しい生存競争に生き残れないのでしょうけど。

人の一生は重き荷を背負いて

有名な徳川家康の遺訓には次のような事が書いてあります。

人の一生は重き荷を背負いて遠き道を行くがごとし。急ぐべからず。不自由を常とおもへば不足なし。こころに望みおこらば困窮したる時を思い出すべし。堪忍は無事長久の基。

久能山東照宮　御遺訓

日本の会社の99％以上は中小企業で、そのうち70％が赤字会社です。労働者の7割以上が中小企業に勤めています。このような状況で働き方改革などという施策を進めれば、今後の日本がどうなるかは容易に想像できます。赤字の企業がどんどん増えていき、不安定な派遣社員であふれる事になるでしょう。しかしこの日本の流れは変える事はできません。中小企業の社長さん、働き方改革は大企業や公務員のための改革です。国が中小企業を守るなどという考えは捨てましょう。中小企業の経営者には、働き方改革などという言葉は存在しません。生き馬の目を抜く資本主義の世の中で、経営している事を忘れてはなりません。労働者をもっと働かせろ、と言っているのではありません。社長さん自身が油断をしないように言っているのです。

インターネットやSNSでは、優雅に過ごし華やかに活躍している経営者が、労働を軽視したようなコメントを出しています。その人達はほんの一握りの成功者です。才能にもあふれています。しかし、ほとんどの中小企業の経営者は普通の人間です。普通の経営者にとって最も役に立つ経営方法は、地道に努力し、いつも勉強し、少しずつ経営改善する事です。どうすれば良い商品が作れるか、どうすればお客さんを増やせるか、いつも考え続ける事です。たまに遊ぶのもいいでしょう。労働者は遊ぶために働きます。しかし経営者は働くために遊ばなくてはなりません。

そのような努力をたゆまず続ければ少しずつ黒字になり、貯金も増えていきます。一度黒字企業になると経営は本当に楽になり、精神的な余裕も生まれます。黒字になっても謙虚に努力を続ければ、近江商人や松下幸之助などの素晴らしい経営者の背中が見えてくるかもしれません。

家族は味方ではありません

事業を始める時、中小企業の経営者は、家族が一番の味方であるとつい思ってしまいます。始めてみればわかりますが、立ち上げたばかりの会社が黒字経営などというのは夢物語です。銀行から借りた運転資金はそのうち消えてなくなり、家族や友人から借金をして、経営しなくてはならないような事態にもなります。事業を始める時は、お客さんが店にあふれてさばき切れなくなったらどうしよう、と妄想に近いような心配をします。実際は暇を持て余しているほうが多いのです。お客さんが全く来ず、売り上げゼロのほうがずっと現実味があります。お客さんが来すぎて忙しすぎる、という悩みを聞く事がありますが、ほとんどの経営者にとっては本当にうらやましい限りです。

赤字で現金が底をついても、従業員の給与、借入金の返済、業者への支払いなど毎月現金が必要になります。経営者の貯金を食いつぶし、従業員の給与に充てるなどは日常茶飯事です。そのような時、経営者は家族がこの状況を理解して、少しでも経営の手伝いをしてくれるだろう、と思うのはとんでもない誤解です。

女性は旦那さんに扶養してもらう事が当たり前と思っています。扶養控除や第3号被保険者などという制度があるように、旦那さんが奥さんの面倒を見るのは当然、と思っている女性は多いものです。

旦那さんの会社の経営がうまくいかなくなっても、奥さんは同情するどころか、非情にも生活費が足りないと旦那さんに文句を言います。娘さんは、流行している服がほしいのにいつも同じ服を着させられている、とお父さんを責めます。この時社長さんは、奥さんや娘さんが優しかったのは、お金を家にきちんと入れていたからだと気づきます。サラリーマンは本当に気楽な商売だったと気づきます。経営者は後に引けません。誰にも愚痴を言えません。ただひたすら歯を食いしばって、前に進むしかありません。

家族や友人が助けてくれる事はまずありません。それどころか、背中から銃で撃たれる事もある、と覚悟をしてください。

でもこんな話ばかりでは気が滅入るので、ここで絶対に成功するコツを教えましょう。それは正直にコツコツと毎日努力する事です。なんだ、そんな事かと思われるかもしれません。しかし正々堂々と慢心せず、あきらめる事なく努力をすれば、事業や商売などは成功するに決まっているのです。

ただひたすら拍動する

今の医学では、人間の生死の基準は心臓が動いているか止まっているかで決まります。脳死ではなく心臓死が死の基準になっているのです。臨終の時、脈が触れなくなれば、医師は家族に臨終を告げます。それが真実かどうかは別にして、それほど心臓というのは重要な臓器であるといえます。

私達は普段心臓が動いていると意識していません。私達の意思とは関係なく動いているからです。俺が動いているから脳や肝臓達は生きていられるのだ、と威張っているわけではありません。俺が動いているから人間は生きていられるのだ、ともいいません。心臓はただひたすら動いているだけです。心臓は全体のために、あるいは他の臓器に働いてもらうために一生懸命動いています。これは神の姿そのものです。結局考えてみたら、心臓だけでなくすべての臓器は人間を生かすために存在しています。どの臓器も自分が自分がとはいいません。

地球には争いや紛争が頻発し、世界のいたるところで殺人が行われています。私達人間も優越感や自尊心、自分だけが良ければいい、という考えを持たずにひたすら他のために働けば、いつかきっと平和で素晴らしい世界が実現します。

仕事も同じです。皆が協力して楽しく働けば、会社は発展し倒産する事もありません。楽して金儲けしようとか、人を出し抜いて自分だけいい思いをしようと思ったらその事業はうまくいきません。

経営者のように、人の上に立つ人はいつも自分を振り返り、お客様や従業員のためになっているか振り返らなければなりません。無私の心で経営をしている会社がうまくいかないはずがありません。いつも順風満帆という事はないでしょう。でもそんな時こそ、その仕事が人のためになっているか振り返る時です。

介護も同じです。他人が何と言おうと、人のためになっている仕事が３Ｋなどという事はありません。介護のように人の世話をする仕事はかけがえのない大切な仕事です。誇りを持ってうまずたゆまずこの道を進みましょう。

最後は人がすべて

小さいながらも事業をすると、最後は人がすべてと思い知らされます。良い介護をするのも悪い介護をするのも人、事業を発展させるのもつぶすのも人、お金を儲けるのも赤字にするのもすべて人です。人は城、人は石垣、人は堀。介護業界ではどんなに科学技術やＡＩが進歩しても人に勝るものはありません。

しかし、介護業界で希望する人材を獲得するのは非常に困難です。それならば人材を育て上げるより方法はありません。人材を育てるといっても自分でやる気がなければ成長しません。研修に行ったり、ＷＥＢで学ぶのも良い方法ですが、一番の良い方法は利用者さんから学ぶ事です。そして一歩でも二歩でも前進するよう精進しましょう。利用者さんからの感謝やねぎらいの言葉を聞けば努力が報われやる気が出ます。

ＷＥＢや本で学んだ事は、介護の現場で使ってみましょう。現場で使う事で体得し身につきます。やがて成長し、自分が人を使う身になれば、上の立場の人も苦しんでいる事がわかります。部下からも会社からも信頼されるようになれば仕事を任されるようになり、利用者さんや施設のためになる仕事を、自分が良いと思った方法で、自主的にできるようになります。

介護スタッフを一人前にするには、とても忍耐が必要です。雇ってみれば納得できると思いますが、学問の基礎も社会性も身につけていない人が、とても多い事に気づくと思います。一生懸命育てても、育った頃に条件の良い施設に転職してしまう事もあります。そのような状況が続けばさすがに経営者も意欲を失い、安易にパートや派遣に頼ってしまいます。責任を持って介護を行う人がいなければ、いくら社会福祉法人といえども形だけになり、結局高齢の利用者さんが犠牲になります。介護を担う若者を育てるのは本当に難しい。でも一人でも育てばその人が次に来る多くの若者を育て上げ、少しずつ理想の介護に近づいていくでしょう。

あとがき

今から思えば病院を退職し独立開業して以来、ほとんど休みなく働き続けたように思います。開業当初は赤字を補填するため、休診の日も退職した病院で当直のアルバイトをしていました。黒字化してアルバイトは辞めましたが、新たに始めた介護施設の利用者が少なく、再び赤字になりました。

施設の利用者を紹介してもらうため同じ病院で、今度は外来や往診を手伝っていました。日曜日も医療の勉強や経理の仕事をしていたため、休める日がありませんでした。私の知り合いが医療法人に加わり、介護部門の責任者になってから、経営が安定し余裕も生まれました。しかし長い間の無理がたたり心筋梗塞になり、仕事に集中すると体力が続かないため、最近は仕事も控えめにしています。

利用者さんは、家族よりずっと長い時間をスタッフと施設で過ごしています。家族よりずっと近い存在になったスタッフは、利用者さんにとって第二の家族といっても言い過ぎではありません。スタッフに対しては少し辛辣な表現で描いている文章もありますが、それは利用者さんから学び、成長してほしいという切なる思いからです。

良い事も悪い事も含め、少しでも介護の実態を伝え、これからこの世界に入ってくる若者達に飾らない言葉で施設の一日を伝えたい、と思って書きました。エピソードに関しても、本名を仮名にしたり、シチュエーションを変えたりして慎重にまとめたつもりです。実際にも本当にいろいろな事がありました。辞めずに最後まで残ってくれたスタッフや、いつもあたたかい目で見守り続けてくれる利用者さんには感謝以外ありません。

介護は楽しく面白い、と思ってくだされば幸いです。若い人達が一人でも多く、私達と一緒に働いてくれるよう願ってやみません。

二〇二二年六月　方丈の庵にて

氷上　龍

著者紹介

氷上龍

大学卒業後、製薬会社で有機合成の研究を担当する。思うところあり会社を退職。医学部に再入学。病院で総合内科を研修しクリニックを開業する。その後介護施設を併設し医療法人化する。

クリニックや往診での患者さんとのやりとりや介護施設で起こった出来事などをまとめた『それでもこの仕事が好き』を出版する。
他にＲＹＵのペンネームで出版した『不思議ワールド探求』などの著書あり。

それでもこの仕事《しごと》が好《す》き
介護職《かいごしょく》の魅力《みりょく》が分《わ》かる本《ほん》

2023年3月10日　第1刷発行

著　者　　氷上龍
発行人　　久保田貴幸

発行元　　株式会社 幻冬舎メディアコンサルティング
〒151-0051　東京都渋谷区千駄ヶ谷4-9-7
電話　03-5411-6440（編集）

発売元　　株式会社 幻冬舎
〒151-0051　東京都渋谷区千駄ヶ谷4-9-7
電話　03-5411-6222（営業）

印刷・製本　中央精版印刷株式会社
装　丁　　堀稚菜
装　画　　村野千賀子

検印廃止

ISBN 978-4-344-94031-4 C0095
幻冬舎メディアコンサルティングHP
https://www.gentosha-mc.com/